讓孩子成為自己
人生的專家

15個「遇」兒心姿態，展開親密的親子之旅

胡瑋婷——著

身為父母要做的就是要陪伴孩子成為自己生命中的專家，
幫助孩子成為自己生命中真正的主人，掌握人生的自主權。

「父母」～
一個最受祝福的身份與名詞

張秀玉　靜宜大學社會工作兒童及少年福利學系教授兼任學務長

　　「我是從當了父母以後，才學會如何當父母的」。這是記憶中的電視廣告台詞。這段話道出身為父母的不易與期盼，沒有人可以不透過學習，就能當父母的。學習當父母的旅程中，孩子的回應、親友的經驗、親職教育專家的提點等，都能成為每一對父母享受、從容面對親子教養的力量。

　　瑋婷是我的同事，她在靜宜大學諮商暨健康中心擔任八年的專任心理師。在我的眼中，她是個具有生命韌性、才華洋溢的心理師。後來，我得知上天自幼就讓她藉由「乾癬」的疾病，從許多自卑、挫折經驗中，幻化成破繭而出的美麗彩蝶。她對自身的接納、對父母的理解、對其他乾癬病友的付出，使她真正能夠得到這些人生危難包裝下的生命祝福。

　　瑋婷是國立清華大學教育心理與諮商學系碩士的高材生，她以自我敘事研究法，完成了「從舞蹈、寫作與建立網路社群重構乾癬秘密的自我療癒旅程」的碩士論文。因此，她在提供靜宜大

學學生諮商服務時，會透過各式媒材、運用敘事治療方法，讓學生看到自己的優勢，協助他們將苦難轉換成力量，活出不一樣的人生。後來瑋婷為人妻、為人母，她常在自己網路介面中，分享她與孩子親子互動的故事，這些故事讓許多讀者感同身受並獲得療癒。

　　這本書是瑋婷透過自身「遇」兒經驗，運用專業的敘事治療方法，以「15 個遇兒心姿態」分享與孩子相遇、陪伴孩子成長的經驗與技巧。這是一本適合新手父母、親職教養領域助人工作者等閱讀的書籍，書中分享的 15 個遇兒心姿態，可以協助新手父母在遇到親子教養困擾時，得以換個角度、調整心情陪伴孩子成長；能發現孩子的美好與良善，進而珍惜只有身為父母才能擁有的旅程。並能作為在親職教養領域工作的心理師、社工師與教師，深入了解新手父母面對的困難及協助方法的參考書籍，我極力推薦這本書給每一個人。

活出那屬於自己
最獨特且美好的人生

　　這天，我才剛下班返家，女兒就急著邀我與她玩耍，但我還沒把自己的身心安頓好，便先拒絕了她，受挫的她生氣地用雙手使勁推我一把，憤怒趁機溜到我身上作怪，逼我質問她：「很痛欸！妳為什麼要推我？」雖然我知道這並不是最佳的問句，但我還是下意識地選擇究責，即使知道她肯定回答不出來。

　　女兒驚見我憤怒的表情，露出恐懼的眼神，竟哭著對我說：「因為我愛你啊！」

　　在旁的先生為我打抱不平，他出言教訓女兒：「就算這樣，你也不能推媽媽啊！」

　　此刻，本該繼續憤怒下去的我，心裡卻感到無限的難過與心疼，因為我認為「言」必有因，這使我思考起身為大人的我們，是否也打著「我愛你」的旗幟，不斷做出傷害孩子的舉動呢？

　　在育兒的過程中，父母本就具有教育的責任與義務，用「嘴巴」教導孩子正確的方法並沒有錯，這也代表著父母期望孩子向善的心。但比起「言教」，我更重視「身教」，因為愈小的孩子，

愈會複製父母的言行舉止。因此，孩子的行為如同一面鏡子，可以幫助我們檢視自己的言行舉止，避免說一套做一套，造成孩子的困惑與矛盾，以及親子關係的緊張與衝突。

陪伴孩子成長的過程，猶如一段旅行，孩子是我們的旅伴，我們也是孩子的旅伴，與其說是「育」兒，我更喜歡說「遇」兒。但父母並非是「皇帝」出巡，擁有神聖且不容侵犯的威嚴，孩子也不是隨行的「奴僕」，只能永遠聽命，甚至盲從。

我偏好採取一種「合作式」的平等姿態，父母的生命值得敬重，但孩子的人生也值得敬重，彼此都有權在關係中保有自己的文化與生命智慧，一起在人生旅途上相遇相知、相愛相惜。

我的「遇」兒理念來自於「敘事治療」理論，這是後現代的治療取向，強調每個人都是自己生命中的專家，而孩子也是自己人生的專家，他們最知道自己喜歡如何成長，他們最懂得自己遭遇的困難要如何解決問題。身為父母要做的就是陪伴孩子成為自己人生的專家，輔佐孩子成為他生命中的國王，真正擁有自己的

自主權與責任感。

　　所以，這不是一本討論如何成為專業父母的書，而是邀請你一起陪伴孩子成長，協助他成為自己的人生專家。

　　當你願意拿起這本書閱讀時，想必你也是和我一樣，曾體會成為父母的艱辛、挫折、困難和失落，並且希望藉由這本書，來幫助自己面對挑戰與難關，這個舉動值得鼓勵與敬佩，請你先給自己一段如雷的掌聲。

　　每當我感到挫折時，也會在書中尋找屬於自己的解答，有時很快就找到適合自己的答案，但有時花了很久的時間，也不見得能找到。當那些書裡的解方，不是我人生的良藥時，我就會透過書寫為自己研發新藥方，寫著寫著這本書就這麼誕生了。

　　寫一本親子教養的書籍，也像是一趟旅程，沿途需要許多人的付出與成全，感謝我的先生世幃和婆婆的鼎力支持，並為我和孩子的「食衣住行育樂」把關，讓我能安心暢遊在「遇」兒的文字海裡；我也感謝我的父母和兄妹提供的愛，足以成為我「遇」

兒旅途上的「心靈糧食」，每當我的心感到飢餓難受時，我就會吃上幾口享受「愛」的滋味；我也感謝在生命中遇見的所有朋友、同學、同事和長輩，在我遇難受挫時，提供關懷與鼓勵，甚至出手援助。

本書分享的是，我在「遇」兒旅途的所見所聞，也許不是大家眼中的「熱門景點」，但這是我和孩子一起發現的「私房景點」，全都是我們喜歡駐足欣賞的秘境。

我除了想為父母提供新的陪伴方式外，我也盼望每個家庭的都能採取「合作式」的溝通姿態，重視彼此的優勢與愛好，接納彼此的不同與限制，一起在生命旅途中，欣賞自己最美的樣子。

最後，祝福天底下的父母和孩子，都能承擔起自己的生命責任，長出自己喜歡的翅膀，活出那屬於自己最獨特且美好的人生。

胡瑋婷 寫於 2022 年秋

01:

打開心：
拉出心的界線，
歡送憤怒離開

在朋友的眼中，我和先生都是脾氣很好的好好先生和好好小姐，但我們在陪伴孩子的過程中，卻經常感到挫折和憤怒，也因想法不一致，起過無數次爭執。

「原來我脾氣這麼差啊！」是我們成為父母之後的共同感受，不知你是否也是如此呢？

我曾在某個專題講座上開玩笑地說：「自從當了母親，才知道原來養育孩子的過程中，有這麼多令人憤怒的事情。」引來現場參與者的哄堂大笑，可見憤怒多常來敲門啊！

在陪伴孩子成長的旅途中，有太多值得生氣的事了，有時是被孩子激怒，有時伴侶才是引爆點。像是孩子壞習慣不改或屢勸不聽、孩子沒來由的失控哭鬧、伴侶常推卸教養責任、自己需要幫忙卻求助無援、看不慣某人的教養方式或自己的教養方式被某人看不慣……。

當自己受到委屈或不公的對待時，憤怒就會來敲門。它期待我們為自己爭取權利，有時可能帶給我們驚人的力量，讓我們去

逼迫對方順從自己，雖然粗暴但卻很「給力」。

　　我們可以憤怒，也可以表達憤怒，這沒什麼問題，因為憤怒能讓我們更有能量去捍衛公平正義與保護自己。然而，當我們打開門迎接憤怒，理解它的目的，解決憤怒的困擾後，記得送憤怒離開心門，當我們拉開心與憤怒的距離後，才有空間邀請其他正向的情緒進門入住。

父母演出憤怒的劇本，
孩子也會跟著配合出演

　　某天接近中午時分，一歲多的蒂蒂對阿嬤喊著：「餓餓，餓餓。」忙著切菜的阿嬤隨即放下菜刀，手刀奔去沖泡嬰兒奶粉。

　　沒想到，蒂蒂喝到一半，就拿著奶瓶，咚咚咚地跑去廚房找阿嬤，露出乖巧的笑容，右手高舉奶瓶，要給她清洗。

　　然而，生性節儉的阿嬤，眼裡只有那沒喝完的奶，於是威脅孫女說道：「沒喝完，阿嬤不疼你囉！」語畢後，她又繼續廚房的工作。

　　阿嬤的冷漠回應，讓蒂蒂感到恐懼，於是她趴在地上手亂揮、腳亂踢，不斷發出哀號的抗議聲，期望得到阿嬤的關注。

　　蒂蒂突如其來的反抗行為，使忙碌的阿嬤更加不耐煩，便怒

吼：「不管你怎麼番，我都不會理你啦！」

阿嬤的嘴巴就像機關槍不斷噴射出「不理你」子彈，每擊必中孫女心頭上的「哭點」。

隨後，孩子的哭聲與長輩的責罵聲交替響起，讓正在看電視的蒂蒂爸爸也感到不耐了，他出聲制止：「好啦！你不要念了！越念，她只會哭得越大聲。」這下，才制止了這場，你我大概都很熟悉的劇碼。

我回想起小時候的經驗，在就讀國中時，由於家裡地處偏僻，也沒有公車可以搭乘，而步行到學校得走兩個小時的路程，因此我只能仰賴母親的接送。

每次放學，我都會坐在學校附近的麥當勞裡，癡癡地望向外頭，尋找母親那穿著白色工作服、騎著紅色摩托車前來的身影。

有時，母親比較晚下班，她的遲來便會勾起我被遺棄的幻想：「是不是我太麻煩，所以媽媽不要我了？」這個幻想是如此令我恐懼。因此，在為人母之後，我便常常提醒自己，不能讓這種害怕被遺棄的故事，繼續在女兒的童年上演。

所以，當孩子哭鬧時，我不偏好使用「關係」來威脅孩子，即便這是最能有效馴服孩子的方式。我也不希望讓孩子對關係失去安全感，缺乏安全感的孩子容易採取各種不討喜的行為，來吸

引照顧者的注意力，好來證明照顧者還是愛他的。

　　另外，當孩子哭鬧時，我也不偏好採取「以暴制暴」的方式，即便這能有效鎮壓孩子的情緒，但我不希望孩子擔起「受暴者」的角色，也不希望在未來的某個時刻，當我不符合孩子期待時，他也「以暴制暴」來和我演出對手戲。

　　「**我的反應，就是孩子的回應。**」是我在「遇」兒之路堅信的道理，當我們不斷刺激孩子，孩子就會反過來刺激我們；當我們不斷勒索孩子，孩子也會反過來勒索我們；當我們對孩子情緒化，孩子也會反過來對我們情緒化。

常見處理憤怒方式：
壓抑、否認、發洩、轉化

　　在家排行老二的我，從小就是個溫和的女生，「忍耐」與「妥協」可說是我分數最高的人生科目，直到我成為心理師，學習到「允許情緒」才是比較有助心理健康的作法，但那自小就內建的「生氣就是錯的」的基本設定，仍舊不斷試圖說服我：「你應該要忍耐，不能對孩子生氣」、「你應該要妥協，發洩憤怒是原始人在做的事情」。

　　在蒔蒔兩歲多時，她很多事情都堅持自己來，當我看不慣時

會出手相助，但這容易使她不悅，她會像噴火龍一樣，噴出憤怒的火焰，把我的耐心燃燒殆盡，使我完全無法心平氣和地與她溝通，即便我多麼擅長壓抑負面情緒，仍有煞車失靈的時候。

常見因應憤怒的招式有四種，除了壓抑之外，還有否認、發洩和轉化。

❶ **壓抑：我們知道自己感到憤怒，但試圖控制情緒，不表現出來。**

習慣使用壓抑的人，就像好好先生或好好小姐，凡事都說好，並且都不會生氣，但內心壓抑了很多的負面情緒。

許添盛醫師在《情緒修煉》*裡提到：「憤怒只有在你壓抑它時，才會出現問題，因為一旦情緒爆發，對內會破壞你的身體組織造成疾病，對外則會讓你看起來像個歇斯底里的人。」

最令人擔心的就是如此，當我們壓抑過多的負面情緒，終將火山爆發，一發不可收拾，傷人又傷己，成為人生的大災難。

❷ **否認：我們不願意承認自己有憤怒的情緒。**

你可能看過有些人會說：「我才沒有生氣！」但他看起來就

---

* 《情緒修煉》，許添盛著，賽斯文化，2014。

是非常生氣；或者，有些人即使遭遇不公平與委屈，但仍沒有憤
怒情緒，有可能是他選擇否認而不自知。

我認為否認比壓抑更危害身心健康，當憤怒偷偷佔據了我們
的內心，恐怕得集結更大的力量，才能將憤怒驅逐。

❸ 發洩：我們會將憤怒的情緒宣洩出來。

憤怒通常有兩個出口，一個是「向外憤怒」，將憤怒的情緒
直接傾倒在他人身上，可能是抱怨、責備或攻擊他人；另外一種
情況是「向內憤怒」，將憤怒的情緒傾倒在自己身上，可能是自
我責備、自我批評或自我傷害。

❹ 轉化：我們將憤怒的情緒，用有意義或建設性的方式表達
出來。

我們可以透過各種行動來昇華憤怒的情緒，例如透過創作的
方式表達憤怒，或者在職場遭遇不公時，除了宣洩憤怒外，願意
採取建設性的行動，來為自己爭取權益。

有害健康的是，當我們選擇「壓抑」或「否認」自己的真實
情緒，這股情緒力量持續停留在心靈深處，我們得使盡吃奶的力
氣，才能壓制這股能量。或是，我們選擇過度發洩情緒，無論是
傾倒在自己或他人身上，這股持續累積的憤怒力量，會破壞自己

與自己的關係，也會燒盡自己與他人的關係品質。

　　我們可以允許自己有情緒，負面情緒並不會有害身心健康，只要我們能夠適當的發洩或轉化它，憤怒就不容易失控爆發。

　　父母陪伴孩子的成長過程中，也是如此。

　　孩子願意發洩情緒，是有益健康的，代表他信任我們，才願意在我們面前表達負面情緒。此刻，請給孩子一段時間，允許他感到生氣，允許他發洩怒氣之後，再試著陪他一起找到「轉化」情緒的方法。

憤怒會帶給我們行動的力量

　　我進入職場後，見到他人表現憤怒情緒時，我心裡常會出現「負面評價」，甚至偏頗地認為是對方的情緒控制有問題，然而隨著年紀漸長，在我懷孕生子後，逐漸發覺自己的憤怒越來越多，多到難以控制或壓抑，就像我在職場上見過的人一樣。

　　在女兒蓁蓁還只是數月的小寶寶時，我打算幫她清潔口腔，便囑咐先生暫時照顧她，但當我抵達茶水間，將開水倒入漱口杯時，就聽見她的哭聲越來越激動，於是我加快腳步回房，竟發現先生自顧自地滑手機，完全不理會女兒。

　　這已經不是第一次了，一開始我還耐著性子，用溫和的口氣

要求先生：「你安撫她一下啦！不要讓她一直哭鬧，好嗎？」

此時，蓁蓁的哭聲來到了最高點，先生仍冷漠地回應：「她要哭，就給她哭啊！看她能哭多久！我不會困擾啊！」

這句話引爆了我內心壓抑許久的未爆彈，我將不滿一口氣宣洩出來，我大吼：「你不困擾，我很困擾啊！」

接著，我劈哩啪啦地說了一串話：「蓁蓁哭鬧越久，就會越不願意張開嘴刷牙，也會更難安撫她入睡，這樣我必須花比平常更多的時間與心力去完成這些事情欸！」我憤怒地表達我的委屈與辛苦。

先生當場愣住數秒後，默默地抱起女兒安撫。

隔天，又到了女兒刷牙睡覺時間，後知後覺的我，才想到昨夜那「過癮」的發洩，心裡真是舒坦，我開玩笑地對先生說：「經過昨晚我才發現，原來直接把憤怒發洩在你身上這麼爽快。難怪大家都這麼愛生氣，那我以後也要常常對你生氣！」

憤怒是能夠帶給我們力量的情緒，當我們迎接憤怒進門時，我們會更有勇氣說出心裡話，更有力量付諸行動，就如同我直接向先生拋出我憤怒的理由。

但是，憤怒也有可能帶來巨大的力量，使我們變得貪得無厭，企圖強行掌控對方的行為。當我們發火時，對方是因為害怕

與恐懼，才選擇服從我們的指令，就像你火冒三丈地大罵孩子時，他會露出恐懼的眼神看著你，最後只能選擇乖乖聽話。

我們可以迎接憤怒，也可以表達憤怒，但要記得送憤怒離開，別讓它來掌控孩子的人生，或是讓它悄悄偷走了我們的善良與優雅。

當心「憤怒」成為連環爆炸案的兇手

當憤怒來敲門時，若我們沒有打開門迎接它，它就會變成一位沉默的炸彈客，隨時引爆一場連環爆炸案；當憤怒來敲門時，若我們沒有好好款待它，它就會化身成病毒，在家裡散播開來，最後引發一場可怕的瘟疫。

我的朋友莉莉曾向我分享他們家的連環爆炸案。

那天夜晚，兩歲的小樂莫名哭鬧不停，樂爸終於受不了而破口大罵：「不要再哭了！」他的吼聲就像瞬間引爆的炸彈，令莉莉和小樂感到又驚又恐。

但接下來，小樂哭得更大聲了，這讓樂爸更加不耐煩，便再怒罵：「你又再番什麼了？最近我耳鳴睡不著，現在你又在那邊亂！」好不容易，樂爸發洩完怒氣，以為一切將平息了，沒想到樂爸的暴怒，引爆了另一顆炸彈。

　　原本在樓下睡覺的樂嬤，上樓前來指責樂爸的不是，她大吼：「兇什麼兇，小樂是欠你的嗎？」樂嬤的攻擊力也是不遑多讓的。

　　這時，樂爸自覺委屈與不被理解，便又與樂嬤起了爭執，很少遭遇衝突場面的莉莉受到驚嚇，於是抱起同樣驚恐的孩子，好讓彼此都多一點安全感。

　　當憤怒來敲門時，若我們不想招待它進門，甚至急著把它趕走，它就會像顆不定時炸彈一樣，每個人只想著要把這顆炸彈丟給下一個人，但卻沒有人願意靜下來思考如何一起拆解炸彈，最後只會把這個家炸得滿目瘡痍。

當外界出現失控的情緒時，
我們可以先建立自己的「情緒國度」

　　我們如何陪伴孩子的靈感，最初源自於父母，而父母如何陪伴我們的智慧，也是師從父母的父母，因此家族間彷彿有本代代相傳的隱形教科書。

　　從莉莉的家庭故事裡，我們可以看到世代傳遞的教養方式，樂爸以憤怒壓制小樂的哭鬧，這憤怒教養法的靈感源自於樂嬤，她也是用憤怒去鎮壓樂爸的憤怒，當然樂嬤也是師從她的父母，

就這樣一代又一代，憤怒永生不滅。

每個人在嬰幼兒時，只能仰賴父母的照顧才能存活，因此我們為了生存，必須發展保護自己的機制，去適應父母親的管教方式。當父母對我們發洩憤怒時，我們會害怕被拋棄、害怕無法生存，這樣的感受會一直深埋在記憶當中，每當長大後的我們遭遇失控時，那股恐懼感就會再次浮現，使我們選擇逃跑或是戰鬥。

我們可以一起踏上時光機器回到童年，看看自己的父母親是如何教養我們的？而自己又發展出哪些自我保護機制？

假若，你的父母親總說：「都是因為你，害我變成這樣。」那你很有可能為了配合演出，認為自己就是「問題」本身，是所有問題的罪魁禍首，唯有承認這個罪，你才能活下去。

假若，你的父母親總說：「我為你付出、犧牲了這麼多，你現在卻不聽我的話。」藉由誘發你的憐憫心，要求你聽話，那你很有可能為了配合演出，成為一位「犧牲者」，你必須為他人奉獻才有活下去的資格。

假若，你的父母親不只很少讚美你，還經常批評你的不是，那你可能為了配合演出，成為一位「自我懷疑者」，你很難認同自己，只能從他人身上獲得信賴與肯定，否則你不知道怎麼活比較「正確」。

　　假若，你經常遭受父母的暴力攻擊，無論是口語或非口語的攻擊，都可能讓你變得過度害怕衝突的情境，以致於不敢表達自己的憤怒或需求，為了生存下去，你不能反對父母的觀點，你只能配合演出，成為一名「平息者」，一再退讓，避免衝突。

　　在這裡，我想提醒各位，千萬別把原生父母的教養方式，作為攻擊原生父母的手段，也別把童年的受挫經驗，作為打擊自己的工具。這些並不是父母的錯，也不是我們的錯，我們只是社會文化下的產物，但即使如此，我們仍有許多選擇的可能性，去活出那美好的自己。

　　我希望能帶大家思考的是，自己身上有哪些版本的生存模式？而這些模式帶來哪些影響？直到現在是否還適用？若不適用的話，新的模式可能會是什麼？

　　如今我們已經長大成人，甚至已經成為父母了，那些童年時期創造出來的生存模式，早已不合時宜，我們可以試著建立起自己偏好的生存模式。

　　當你的伴侶因為照顧孩子而暴怒時，你可以先待在自己的情緒國度裡，想想當憤怒來按門鈴時，身為主人的你，想要如何迎接憤怒呢？

　　當你的長輩因為照顧孩子而對你破口大罵時，你也可以先待

在自己的情緒國度裡，想想當憤怒來作客時，身為主人的你想要如何款待憤怒呢？

　　你可以試著區分自己與他人的情緒分水嶺，試著練習接納自己的情緒，並把不屬於自己的情緒，原封不動地歸還給對方，別讓自己的情緒陷在兵荒馬亂的戰國時代。

從「讓自己冷靜」開始，
送別憤怒不再是難事

　　在我的情緒國度裡，我喜歡用「冷靜」迎接憤怒進門，再用「理解」來好好款待憤怒的到來，我從自己陪伴孩子的過程中，整理出三個原則與作法，如下：

❶ 不要給予「刺激」，要先自己「冷靜」。

　　「你為什麼都不聽話！」我認為，這句話即使說上千萬遍，也不會讓孩子成為聽話的人。因為孩子生下來，本就不是為了聽話而活，這樣反覆無效的命令，只會持續將孩子推得愈來愈遠。

　　在要求孩子安靜之前，我會讓自己冷靜下來，深吸一口氣，緩和尖銳語氣、放慢說話速度。唯有在父母冷靜的狀態下，才有機會幫孩子降溫滅火。

❷ 不要關係「勒索」，要試著「理解」。

「如果你不聽話，我就把你賣掉。」這是經典的關係勒索台詞，這會點燃孩子的求生欲，為了不被遺棄而選擇討好或屈服。

孩子會誤以為聽話是愛的表現，未來在婚姻裡順從對方、沒有自己，或反過來向對方說：「如果你不聽我的話，我就跟你離婚。」當關係被視為威脅的工具，原本出自於真心的愛，就會變成一把傷害彼此的利刃。

我會試著理解孩子的情緒，詢問他：「是什麼原因，使你選擇這麼做？」傾聽孩子內在的真實聲音，理解孩子當下在做什麼，以及他的感受和想法，而不是一味地要求他做或不做什麼。

❸ 不要被「情緒渲染」，要建立「情緒結界」。

「你在那邊不爽什麼，真正該生氣的是我！」面對孩子的失控情緒，有時會挑起我們內心深處的委屈，並瞬間引爆憤怒的炸彈。

其實，每個人都可以有情緒，但若將主控權讓給對方，任由他人勾起自己的情緒，那恐怕會形成難纏的情緒問題。

無論年齡或性別，每個人的情緒都應該受到尊重，因此我不會去否認自己的情緒，我選擇表達自己的心情，我也不會拒絕孩子表達情緒，我選擇同理他的心情，例如我會說：「發生這樣的

情形，我很不開心，但我想你也很難受。」

當我們願意靜下心理解孩子，讓孩子感受到被理解與尊重。此時的說理才能產生效果，告訴孩子自己生氣的原因，並與孩子溝通如何讓彼此都不生氣的作法。

像「偵探」一樣，循線破解「連環爆炸案」

中國大陸今年有部名為《開端》的都市懸疑題材電視劇，劇情描述女主角李詩情在搭乘公車時，發現自己困在車上，這輛車總是會在特定時間發生爆炸，而自己不只離奇地死而復生，甦醒過來時，發現自己竟穿梭時空，返回到原車上。

她雖陷入恐怖的死亡循環，但每次在公車爆炸之前，她都選擇冷靜地運用自己的觀察力，檢查每一位乘客的身分與經歷，並且試著找出兇手，最終阻止了爆炸案的發生。

在家庭裡，由憤怒點燃的「連環爆炸案」，也需要我們冷靜地觀察，去檢查每一個未爆彈的內在狀態與想法，並嘗試各種行動，找到阻止爆炸案發生的方法。

我曾在聯合報分享過自家的連環爆炸案，篇名是〈這一次，我不會再爆炸了〉，擷取部分內容如下：

先生抱著一歲大的女兒走在前頭。女兒哭聲愈大，他就走愈快，而我遠遠落在後頭。

一向情緒管理很好的他，終於忍不住失控向女兒怒吼：「哭什麼哭，都已經帶你出來散步，還哭！」此刻夜空中沒有星星，空氣裡也沒有微風，只有我們因工作而疲憊的身體。即便如此，先生還是抱起女兒外出散步，因為我們都以為散步是她最喜歡的活動，豈料她並不領情。

自從女兒出生後，我倆的好脾氣變成未爆彈。當女兒失控大哭，會先點燃先生的導火線，而在他怒罵女兒的瞬間，則點燃我的導火線，換我指責先生的不是，最後變成一場連環爆炸案，難以收拾，搞得家裡坑坑洞洞。

這一次，我告訴自己，絕對不要再爆炸了。

我深吸一口氣，收起導火線，模仿盛竹如念旁白的口吻，說：「現在爸爸打算用『以暴制暴』的方式，來制止女兒的哭泣，究竟會不會成功呢？讓我們繼續看下去。」

「我哪有以暴制暴？」先生立馬轉身看我一眼，反駁道。

我用帶點調皮的口氣嘲笑他：「有啊！女兒哭，你就兇她，叫她不要哭，這不是以暴制暴，是什麼？」

我們沉默了幾秒，接著，先生的導火線變成一抹微笑，他用

手摸摸女兒的頭髮，溫和地說：「乖，爸爸不以暴制暴，我們一起散步，好不好？」躁動的女兒，也隨之平靜下來。

在連環爆炸案發生之前，我偽裝成記者的口吻，報導憤怒如何在先生與女兒之間傳遞著，當我站在第三者的位置時，就不易受到情緒的渲染，能冷靜觀察憤怒是如何發揮作用的。

接著，我也會發揮自己的「偵探」能力，循線找到憤怒的操作模式，就像是我開玩笑地對先生說：「有啊！女兒哭，你就兇她，叫她不要哭，這不是以暴制暴，是什麼？」

我嘗試在先生身上找到突破口，讓他看見自己回應憤怒的方式，但同時我也沒有否定他的方式，只是讓他思索是否喜歡，若他不喜歡，自然就會選擇其他的方式。

當憤怒來敲門時，我不會採取壓制的手段，我會先讓自己平靜下來，觀察這是一個什麼樣的循環？是什麼點燃了導火線？是誰的導火線被點燃了？又是誰也跟著一起被引爆了？

我們可以像偵探一樣，冷靜地蒐集線索，嘗試不同的偵查行動，找到關鍵的突破口，打破憤怒的循環，送別憤怒。

敘事治療的「遇」兒筆記

分別「憤怒情緒」和「人」

我在學習敘事治療時，最令我感動的精神就是「**人不是問題，要把人和問題分開。**」

通常，我們都會相信問題出自於「某個人」，不是在自己身上，就是在他人身上。接著，我們就會努力要求「那個人」檢討或改變，但是這樣的觀點不只會使人失去主動改變的動力，還會讓問題越滾越大。

麥克・懷特是敘事治療的大師，他在《敘事治療的工作地圖》[*]中寫道，當我們將問題與人分離，不再受限於對生命的負面認定時，對生活困境採取新行動的選擇就會變成可能。

也就是說，敘事治療提供給我們一種新的可能，當我們不把憤怒的情緒內化到個人身上，不再對自己進行負面的自我認同時，選擇把憤怒與人分開時，我們就能借用憤怒的力量，對現在遭遇的困難展開新的行動。

---

[*] 《敘事治療的工作地圖》，麥克・懷特著，張老師文化，2008。

當孩子哭鬧時，我們可以理解為憤怒來敲了孩子的心門，而非孩子本身有問題；當我們感到憤怒時，我們也可以理解為憤怒來敲了自己的心門，而非自己有問題。

在敘事治療中很常運用的技巧是「問題外化」。藉由此技巧，幫助來談者擺脫負面的自我認同，重新認識自己所面臨的問題與處境，帶來改變的契機。

就像當我指出先生「以暴制暴」的行為時，並不是在指責先生有情緒控管的問題，而是指出先生選擇處理情緒的方法，當我把人與情緒拉出距離，他就能重新發現自己是有「選擇權」的，這也會帶來改變的可能。

因此，當憤怒來敲門時，我們可以邀請它進門，好好款待它，和它聊一聊，並且試著思考以下問題，這有助於歡送憤怒離開哦！

❶ 這個憤怒長什麼樣子？例如：它可能長得像黑色的圓形炸彈，最上方有個導火線；它也可能長得像火山，平時什麼事也沒有，但有事時會噴出可以燃燒一切的岩漿。透過這個問題可以幫助我們對憤怒有更「具體」的想像，也就能夠拉出自己與憤怒的距離。

❷ 它何時會來敲門？例如：每次當我特別疲累或委屈時，像是

長期失眠或工作量過大時，內心累積了很多埋怨無從發洩，憤怒就會來敲門；或是當我放下照顧自己的需要，去滿足孩子的需求，但孩子不領情時，這種熱臉貼冷屁股的狀況，憤怒就會找上門。透過這個問題可以幫助我們覺察自己的狀態，循線找到問題前來的時機。

❸ **它的目的是什麼？**例如：憤怒就像火山一樣，爆發時想要熔去那些所有失去控制的人事物，或者憤怒像炸彈一樣，引爆時想炸毀那些令我感到挫折的事件。透過這個問題，可以幫助我們去覺察自己表達憤怒的方式，行為背後的期待與目的。

❹ **它有什麼樣的影響力？**例如：憤怒可以讓我有勇氣表達平時壓抑許久的感受與想法，為自己爭取公平的權利；或者當我感到憤怒時，就像手上拿著一顆不定時炸彈，家人和孩子受到威脅，只好聽從我的命令與要求，但若炸彈引爆了，我會傷害到自己重視的家人，使我感到很愧疚與自責。 透過評估問題的影響力，可以幫助我們思考是否要繼續使用同樣的方式表達憤怒，還是需要改變或微調。

❺ **它想獲得什麼？**憤怒想吸引大家的注意力，獲得存在的價值感，例如被太太、孩子重視，被關注、被體貼的感覺。透過這個問題，可以幫助我們覺察內在的需要與期待。

❻ **它想告訴你什麼？** 憤怒可能想告訴我，要覺察自己是否有受傷或受委屈的心情，例如：我自己這麼努力為孩子付出，孩子卻不以為意，心裡感到十分受傷。透過這個問題，由憤怒為自己發聲，可以幫助我們去覺察自己可能經常忽視的狀態，或一直以來壓抑的需求。

❼ **它想提醒你什麼？** 憤怒可能提醒我，要試著去允許與接納育兒過程裡各種失控的人事物，並且從中找回自己人生的控制權，例如：我雖然不能改變孩子的情緒反應，但我可以先改變對待孩子的方式。透過這個問題可以幫助我們去思考與覺察那些被自己忽略或未留意的重要訊息，進而帶出改變的方向。

❽ **它期待你怎麼做？** 例如：憤怒就像炸彈一樣，它期望我能夠好好把它拆開，理解自己憤怒的原因，先重視自己的感受與需要，才能剪斷內心的導火線。透過這個問題，可以幫助我們思考與發展「有建設性」的行動方案，付諸實際行動以改變現狀。

責任心：
讓孩子學習評估
問題的影響力

02

你經常使喚孩子幫你做事情嗎？

孩子在兩、三歲時，特別喜歡用服務來取悅父母，有些父母便會順勢把孩子當「僕人」使喚。

有次，我拜訪阿亞的家，當時他正打著手機遊戲，兒子在旁邊感到無聊，便吵著要看手機裡的影片，阿亞只好停下遊戲，把手機螢幕擺在兒子面前說：「你看我的手機只剩下一格，你去幫我拿充電線，不然不給你看。」

兒子面有難色，拒絕說：「不要，你自己去拿。」

阿亞當場給兒子貼上了「懶惰鬼」貼紙，責罵他說：「你這個懶惰鬼！叫你拿個充電線也不要，那我不給你看影片了！」

我想，阿亞童年時，大概也經常被貼上「懶惰鬼」的貼紙，這種感覺並不好受，於是長大之後便把這難受貼紙，傳承給孩子了。

父母若想培養孩子的責任心，那自己得先成為願意為自己行為負責的人，孩子自然會從父母身上學習到如何扛起自己的

人生。

　　另外，身為父母的我們也要特別留意，避免「過度」負責孩子的人生，連孩子的責任也想一肩扛起，當孩子缺乏鍛鍊「負責肌肉」的機會，那恐怕未來會扛不起自己的人生！

越怕孩子吃苦，
孩子將來吃的苦就越多

　　有部奇幻偶像劇叫做《如果花知道》，講述一間神祕花店「花之道」幫助客人斷捨離的故事。劇中的張家豪從小就有念書的天賦，父親教導他要發展屬於自己的興趣，並注重細節以追求完美，將來就能夠成為偉大的人。

　　當家豪升上高中後，把大量的時間花在烹飪上，導致課業一落千丈，惹來父親一頓毒打與痛罵。

　　當下，家豪回想起父親過去曾送給他的禮物，原來背後都藏著父親對他的期待與要求，他帶著憤怒又受傷的心情，對父親大吼：「什麼模型、望遠鏡和腳踏車，都是騙人的，你只是想要我成為你期待的樣子！」接著，他當著父親的面將望遠鏡折斷後，負氣離家出走。

　　劇情演到這裡，在家豪眼中，父親是自私的人，完全不顧自

己的感受與想法。

後來，日本料理店的老闆收留了家豪，他經過非常嚴苛且痛苦的魔鬼訓練，八年後終於成為一名日本料理三星廚師，功成名就的他還是走進了「花之道」，請求花女巫為他斷捨離，因為他心中與父親的關係仍舊是未解之結。

於是，在花女巫的協助與引導之下，家豪與父親有了靈魂對話的機會。

這八年來，父親早就認可了家豪的能力，也以家豪為榮，他低著頭，充滿愧疚地向家豪道歉：「是我錯了，我怕你吃苦，我也擔心你吃不了苦，還懷疑你的能力……」。

原來家豪誤會了父親，他並非是拿孩子來炫耀的父親，他只是害怕孩子與自己一樣低成就，總是為生活奔波，才如此嚴屬地要求兒子的課業成績。

身為父母的我們，都受過傷也受過打擊，為此我們不忍心孩子像我們一樣跌跌撞撞，過去的創傷猶如火上澆油，使我們心急如焚，貿然採取恐嚇或威脅的方式，試圖掌控孩子的未來。

當父母這麼做時，孩子不只會給父母冠上「自私」的罪名，還會離父母越來越遠，獨自承擔更多未知的挫折與痛苦。

當你越怕孩子吃苦，提供的保護就越多，孩子將來吃得苦也

會越多。請你相信自己的孩子，他可以吃苦，他也有能力吃苦，而且他需要吃苦的機會，才能研發出屬於自己的美味食譜。

身為父母能做的，就是讓家庭成為避風港，在他吃苦受難時，陪他一起吃得苦中苦，體會人生的樂趣。

童年經驗如何影響你陪伴孩子？

當我們還活在童年創傷的陰霾時，很容易在無意間成為兩種類型的父母，一是「過度嚴厲型」父母，就像劇中張家豪的父親一樣，建立嚴苛的家規，命令孩子遵從，毫無商量的空間；二是「過度慈愛型」父母，對孩子百依百順，過度討好與滿足孩子的要求，毫無父母與孩子之間的界線，當然也不會有家規。

有次，雅柔帶著她的孩子登門拜訪，孩子總是對她唯唯諾諾的樣子，雅柔說一，孩子不敢說二，否則就是一頓打罵，孩子被「教訓」得非常「乖巧」，雅柔明顯是過度嚴厲型的母親。

對照之下，我則是「過度慈愛」型的母親。我和女兒的關係雖說親密，但當我說一，蒂蒂總是說二，有些生活上的常規，我都是想盡辦法誘惑、甚至討好她完成。

之所以如此，是來自於我小時候的經驗。

在我兒時印象中，母親非常嚴厲，她經常生氣，我很怕她，

不敢在她面前做自己想做的事情，心裡只敢想「以後我才不要成為這樣子的母親」。

於是，當我成為母親之後，為了彌補過去的委屈，以及無法追求渴望事物的遺憾，我給了孩子更多的關愛與自由，但也因此遲遲未訂定該有的生活常規。另外，還有另一個原因是，我經常戰戰兢兢地面對孩子，擔心下一秒她又鬧起脾氣來，這是多麼恐怖又累人的事，不如選擇順從她，這樣多省事。

然而，當我們給予孩子無限制的自由時，這不只是一種放任，也是一種不負責任的教養方式，任由孩子自生自長，這種自生自滅的教養法，孩子很容易長「歪」。

我檢討自己確實少了身為父母的權威感，當時的我無法站上船長的位置，領導孩子在人生航道上前行。

所以，我得學習如何建立適當的互動界線，有限而非無限地滿足孩子的需求，有限而非無限地為孩子付出，孩子有孩子的國度，而父母也有父母的國度，應該要劃清楚河漢界，並且尊重彼此國家的律法。

我們得回到自己的身上，看看童年經驗帶來哪些影響？我們過去的遺憾，需要自己去承擔，別讓孩子去彌補；我們身上有的限制，需要自己學習臣服，別讓孩子去突破；我們正在受的折磨，

需要自己喊暫停，別傳承給孩子，讓他繼續受苦。

　　童年創傷沒有特效藥，往事也無法改變，但我們可以透過在陪伴孩子的過程中時刻覺察，釐清哪些是過去帶來的影響，哪些是此時此刻最重要的事情，就能夠慢慢修正我們與孩子的互動，給予孩子適切的陪伴。

愛是在孩子的需要上，
看見自己的責任範圍

　　原則上，無論我們要求孩子做什麼，在這之前我們自己就得先辦到，若你期待孩子擁有責任心，那身為父母的你就得有責任心。

　　如何有責任心？首先，父母得分清楚這件事情是誰的責任，該是自己承擔的責任就不能丟給孩子，而該孩子承擔的就不能自己一肩扛起。

　　比方說，當孩子學會爬行之後，特別喜歡探索環境，愛亂拿東西，當孩子不小心打破或弄壞東西，是誰的責任呢？

　　我認為這是父母親的責任，因為此階段的孩子本就對環境充滿好奇，孩子也尚未發展足夠的自我控制能力，若父母不願孩子碰到的東西，就應該要放到櫃子裡鎖起來，避免孩子拿到，而不

是責罵孩子說：「吼！就叫你不要拿，講不聽欸！」

我曾到葳葳的家中拜訪，那是個三代同堂的家庭，其他成員還有葳葳的奶奶、媽媽與妹妹。

當時葳葳向媽媽討奶喝，但媽媽忙著滑手機，根本不理睬她，她只好拜託奶奶為她泡奶，葳葳喝完奶之後，奶奶便順手將玻璃奶瓶放在桌子的邊緣。

奶奶起身準備做中餐前，提醒葳葳的媽媽說：「快點去洗奶瓶，不然等等又弄破了。」

葳葳的媽媽一邊滑著手機，一邊向葳葳說道：「姊姊，喝完奶瓶，自己拿去洗手檯放著，等等我再去洗。」語畢後，她又低下頭回到網路世界。

接下來，葳葳和妹妹玩得不亦樂乎，她們在客廳裡來回奔跑，頓時「碰！」一聲，奶奶果真料事如神，妹妹不小心把奶瓶給打破了。

奶奶聽見聲響，立即怒罵葳葳的媽媽說：「吼！就叫你快點拿去洗，手機是有多好玩？」

緊接著，葳葳的媽媽把奶奶的憤怒，轉嫁到葳葳身上，她向葳葳問責：「不是叫你把奶瓶放去洗手檯嗎？為什麼不拿去放好！」

當下，葳葳覺得委屈，她本想先和妹妹玩，才要把奶瓶拿去放好，怎知妹妹就先弄破了，於是她把責任推給了妹妹，她說：「又不是我打破的，是妹妹打破的。」

　　然而，妹妹聽到這句話時覺得委屈，便大哭了起來，因為她根本沒有注意到奶瓶被放在桌上，豈料媽媽再次出招，她不耐煩地對妹妹說：「是你打破了欸，你哭什麼哭！這麼愛哭！」

　　所有的人都在找誰該為打破奶瓶負責，我們可以發現究責的故事腳本，不斷在葳葳的家中上演著。

　　當我們推卸自己的責任時，孩子也會學會如何推卸責任，就像奶奶把責任推卸媽媽，媽媽又把責任推卸給葳葳，而葳葳再把責任推卸給妹妹，最慘的往往是那個最小並且還沒學會推卸責任的孩子。

　　其實，若奶奶順手放在安全的地方，或者媽媽放下手機先去洗好奶瓶，那奶瓶就不會有機會被摔破了！

　　我們得試著找出自己需要承擔的責任，而非責怪孩子的失誤，孩子才能夠在我們身上學習到如何承擔責任，而非推卸責任；同時，我們也要留意避免越界，去承擔起孩子的責任，我們只承擔自己行為的後果，別總為孩子擦屁股。

有些事情問越多「好不好」，
孩子就越「自我感覺良好」

在親子教養裡，「溫和而堅定」大概是不變的真理，現代有不少父母都已經知道要溫和地對待孩子，別用打罵威脅孩子，得尊重孩子的選擇。

然而，當父母的「溫和」做得太多，「堅定」做得太少時，可能會常對孩子使用「好不好」問句。例如：「我們現在吃飯飯，好不好？」、「我們現在穿衣服，好不好？」、「要睡覺了，來刷牙好不好？」

這些原本就應該要做的事情，問了越多「好不好」，孩子就會越「自我感覺良好」，他會越來越以為自己是萬能的，什麼事情都可以肆意妄為，無法建立適當的人我界線。

我曾是「好不好」型的父母，上面舉的這些例子我都說過 N 遍，我本不覺有異，但直到後來的某一天，女兒要求我陪她玩玩具，可我已疲累不堪，沒有心力陪她，只好狠心拒絕她，豈知才過沒幾秒，她又對我說：「媽媽，陪我玩玩具好不好？」

我又再次搖了頭，但她竟撒嬌地說：「好不好嘛～拜託啦！」這七字箴言讓我感到十分熟悉，這不就是我經常對她說的話嗎？

接下來，女兒越來越「盧」，只要我拒絕她，她就會再次說出這七字箴言：「好不好嘛～拜託啦！」

當下我意識到「**我如何對待孩子，孩子也會如何對待我**」，我若不建立起身為母親的界線，孩子就會不斷地越界奪權。

《教養，你可以做得更好》[*]的作者，利奧納德‧薩克斯是位家庭醫師，也是心理學家、美國單性公立教育協會的創辦人與執行長。他在書裡指出，行為良好的孩子，長大後會成為行為良好的大人，但那些被父母放任養大的孩子，長大後比較可能惹上麻煩，如：酗酒、嗑藥、焦慮或憂鬱症。

他認為若要避免孩子惹上麻煩，我們就得成為「足夠好的父母」，能適當傳達愛給孩子，同時公平地貫徹執行家規，當然這些規矩並非一成不變，某些情況下可以通融。簡單來說，**足夠好的父母，就是同時具備嚴格與慈愛。**

有些生活的界線，在孩子尚未成熟之前，是需要父母先替孩子堅守住的，未來孩子才能守住自己的界線，不讓他人總是越界奪權。

---

* 《教養，你可以做得更好：勇於承擔父母的責任，相信管教的力量》，利奧納德‧薩克斯著，遠流，2016。

　　吃飯時間來臨時，別再問孩子：「我們來吃飯飯，好不好？」你可以試著用溫和且堅定的口氣說：「我們現在要一起吃飯。」

　　睡覺時間來臨時，別再問孩子：「我們來刷牙牙，好不好？」你可以試著用溫和且堅定的口氣說：「我們現在要刷牙了。」

　　孩子需要穿衣服時，別再問孩子：「來穿衣服，好不好？」你可以試著用溫和且堅定的口氣說：「你現在要穿衣服了。」

　　在理解孩子時，我們可以少使用「肯定句」，多使用「問句」來釐清孩子的情緒與想法，但在建立生活常規時，我們反而要減少使用「問句」，多多使用「肯定句」來規範孩子的行為。

讓孩子從日常生活中
學習評估與選擇

　　有天朋友來家中拜訪時，蒂蒂竟用「命令」的口氣，要求我得在某個特定位置為她穿鞋穿衣，當下我感到十分丟臉，這份羞愧感也幫助我察覺到自己與孩子的親子界線並不健康。

　　蒂蒂習慣對我和先生指手畫腳，例如喝奶時指定誰去泡奶，起初我們都順著她的意，不想再加開一場哭戲。但後來，我發覺自己不僅把船長之位讓給了孩子，我還像僕人一樣任勞任怨，孩子如今如此，大多都是我慣出來的。

上一代的父母教育過於嚴厲，我們為了存活下來，練就了一身「壓抑自己，討好他人」的本領，長大成為父母後，我們最擅長的就是「壓抑自己，討好孩子」，於是習以為常地使用犧牲與委屈，來提供孩子過多的慈愛與保護。

這樣的方式剝奪了孩子面對痛苦與失落經驗的成長機會，當孩子長大後，容易變得自我中心，小時候認為父母虧欠他，長大後擴大成世界虧欠他。

沒有規矩則不成方圓，每個家庭都應該有自己的規範，無限的自由是一種放任和溺愛，將來隨著孩子的年紀漸長，他遲早會離開家庭，走進學校、社會，學校有校規，社會有潛規則，國家還有法律。若他成長的家庭裡沒有家規，離家後的他，又如何適應條條框框的社會呢？

於是，我下定決心要訂定家庭生活的常規，從最簡單的食衣住行開始，用溫和而堅定的態度，去建立適當的規矩，讓孩子保有為自己行為負責的機會與權利。

當蒂蒂又指定爸爸泡奶粉給她喝，但此時先生正忙著曬衣服，我不疾不徐地告訴她：「現在爸爸沒有空，如果你想現在喝，我可以泡給你喝，但如果你想要爸爸泡給你，你就只能等到爸爸忙完。」我希望讓孩子逐步練習評估不同選擇帶來的影響力，進

而可以自我承擔選擇的後果。

接著，她露出不悅的表情，嚷嚷著要爸爸立刻泡奶，我仍秉持著溫和且堅定的態度，一次又一次的告訴她，直到先生曬完衣服下樓時，她立即問：「爸爸，你曬完衣服了，請問你現在有空可以幫我泡奶了嗎？」

她的提問，代表她意識到人際間的界線，當大人沒空的時候就無法為她泡奶，得請其他有空的大人幫忙，最後她學會依據自己肚子餓的程度，決定是否要等待父親有空再泡奶。

再舉例來說，三歲時的蒘蒘經常在洗完澡之後，光溜溜地跑來跑去，不願意立即穿衣服，我擔心她著涼，在情急之下只能採取威逼利誘的方式讓她穿上衣服。

後來，我選擇練習放手，讓她去承受行為的自然後果，當她說：「我不要穿衣服！」時，我只回了一聲「好！」便轉身離開去忙家務事。

起初，她留在原地發楞，但過沒多久，興許是覺得冷了，或是得不到母親的關注而感到無聊了，自己便主動開口說：「媽媽，我要穿衣服，幫我穿衣服。」

試想，若現在你的父母還是一天到晚耳提面命，你受得了嗎？問你何時要再生一胎？孩子何時要去上幼稚園？甚至還問你

的薪水與年終有多少？夠用嗎？你的父母難以放手的關愛，對你造成莫大的壓力啊！

孩子年紀小時，沒有足夠的自理能力，當然需要我們的協助與服務，但隨著孩子的成長與獨立，界線就得慢慢建立起來，年紀越大就需要分得越清楚，讓孩子去承擔自己行為的自然後果，這是練習自我負責的絕佳機會，這樣的經驗也能協助孩子去思考自己想要什麼樣的人生。

身為父母的我們，不要為了怕孩子痛苦，就幫孩子扛太多責任，也不要怕孩子生氣，就不斷委屈自己或討好孩子，我們要做的就是保持「溫和且堅定」的立場，建立起合適的生活常規與親子界線。

守住親子界線，
助孩子培養責任心

我在敘事治療上最大的學習，就是交出自己，放下評價與判斷的標準，不帶預設立場地去看待孩子的行為與決定。

有天夜晚，女兒一下願意刷牙，一下又拒絕刷牙，我心裡浮現各種負面的評價，例如：「她又來找我麻煩了」或是「她又來操弄我了」，如果我跳進這個想法裡，我就會將女兒視為壞孩子，

並且「抗拒」女兒的行為表現，要求她改變行為。

我允許這些負面的評價暫時出現在腦海當中，但不用我的行為去回應它，也不用我的情緒去回應它，就只是單純跟它打聲招呼，知道這些負面評價的存在而已。

我平靜地告訴女兒：「你現在要刷牙，如果不刷牙的話，那我就直接把牙刷收起來了。」

女兒表示她願意刷牙，但請我走到她的面前為她服務，而我選擇站在床邊告訴她：「我剛剛已經走到你的面前了，但那時你說不要，如果你現在要刷的話，你得自己走過來。」

接著，女兒拒絕走過來，而我又退後一步到門邊，說出相同的要求：「你現在要刷牙，如果不刷牙，我就直接把牙刷收起來了。」

接下來，女兒故技重施，希望我走到她的身邊為她服務，但我再次拒絕了，並請她自行走來。

後來，我就按照同樣的模式，她每拒絕我一次，我就退後一步，而她也就前進一步，我試著不再妥協或討好女兒，直到我退到浴室裡的洗手台前，最後一步就是將牙刷清洗乾淨放回架上。

女兒仍一直討價還價，但這次我選擇踩住界線，溫和且堅定的拒絕她的要求，最後女兒走到我的身邊，哭著不斷地說：「媽

媽，對不起，對不起。」

　　我沒有責備她，只是平靜的擁抱她，摸摸她的頭，拍拍她的肩膀，跟她說：「沒關係，媽媽來幫你刷牙吧！」

　　我允許她有自己的需求、欲望、感受和偏好，她可以哭泣或表達不想刷牙的心情，即使我多麼希望她養成刷牙的習慣。

　　我堅定自己的要求，但不採取討好或委屈的姿態，而是用溫柔且堅定的態度，讓她知道我的要求，以及不可以對我提出超越親子健康界線的要求。

敘事治療的「遇」兒筆記

讓孩子體驗問題帶來的影響力

　　在孩子不懂得如何評估危險時，父母需要在旁協助評估各種問題的威脅程度，避免孩子遭受到傷害，但父母若不願意試著一點一滴放手，不願意讓孩子去體驗問題帶來的影響力，不願意讓孩子擁有練習自我負責的機會，那孩子越長越大，就越迷茫、不知道自己想要什麼，活不出自己想要的人生。

　　現今有不少大學生對自己就讀的科系感到後悔，他們指控父母強迫自己選擇父母期待的科系，如今升上大學之後，就讀的科

系從不喜歡變成討厭，但又沒有勇氣轉系，因為不知能否轉系成功，就算真的成功了，也不知道自己到底適不適合？他們難以承擔任何做決定可能帶來的後果。

這類型來談者的父母親，通常是過度保護或控制型的父母，想為孩子鋪好所有的路，但卻讓孩子失去了自我負責的學習機會，使孩子不敢面對任何可能帶來挫折與失落的選擇。

在敘事治療裡談的「問題外化」技巧，強調將問題與人分開後，才能打開視野，去評估與問題有關的活動會帶來哪些影響？對問題的發展，有什麼感覺？又如何看待結果？可以接受嗎？

從前述打破奶瓶的故事裡，我們可以發現事件中的每個人，都不斷把問題推卸到另一個人身上，而敘事治療強調的「問題外化」，意思是「我們沒有問題，別人也沒有問題」，以及「我們只是遇到了問題」，這並不是一種推卸責任的作法，而是幫助自己站在「生命主人」的角度，去評估自己與問題的關係和責任。

麥克‧懷特在《說故事的魔力》[*]表示，他認為「問題外化」的方式並非要擊敗或打倒問題，而是讓我們對生活重新表態，採

*　《說故事的魔力：兒童與敘事治療》，麥克‧懷特、艾莉絲‧摩根著，心靈工坊，2008。

取新的行動，發展自己渴望又美好的人生。

　　就如同女兒堅持要父親泡奶給她時，我告訴她得等待父親有空時，才能喝到奶，但她也有新的選擇，就是請我泡奶，因為現在的我有空，她可以自行評估究竟要找誰泡奶。

　　或是當女兒堅持不肯穿衣服時，我讓她體驗不穿衣服帶來的影響力是什麼？接下來可能會發生什麼事情？讓她體驗過後，可以再決定是否要採取不同的行動。

　　在這過程中，我不會對孩子說：「你看，就叫你穿衣服，你不穿，就是不聽我的話！」我不希望讓孩子體驗到自己對選擇的判斷是錯的、對問題的評估能力是弱的，我反而會在孩子重新對生活表態時，欣賞孩子自己做的新決定。

　　從小培養孩子對問題的評估能力，那他就越有經驗察覺到問題的存在，以及有能力精準評估問題的影響力，這能幫助他一次又一次重新採取適合自己的行動，迎向渴望的美好人生。

03 ：

好奇心：
把「理所當然」變成
「哇～原來是這樣」

　　蕃蕃三歲時，充滿著好奇心，很愛問「為什麼」，我也很樂於向她分享我的想法，有時她的雙眼會注視著我，並且似懂非懂地說：「哦～原來是這樣啊！」她的反應讓我覺得很舒服，彷彿自己的想法被她看重、被她理解，也被她接納。

　　身為父母的我們，經常對孩子說「乖，聽話。」但是，我們自己有好好聽過孩子說的話嗎？我們是如何理解與回應孩子的語言和行為表達的呢？

　　當孩子說出一長串沒有邏輯或意義的文字，你是用不屑的口吻說：「你到底在說什麼啦！」用忽視句點孩子，還是用好奇的態度去詢問孩子：「是哦？然後呢？」讓他開口說出更豐厚的故事呢？

　　當孩子經常做出一些惹火父母的麻煩行為，你是用憤怒的口吻說：「不准給我這樣做！」去否定孩子行為背後的初衷，還是用好奇的態度去請教孩子：「請問你在研究什麼呢？」

　　一個人的眼光，若沒有好奇心，那世界將黯然失色；一個

人的生命，若沒有好奇心，那生活將索然無味。

在陪伴孩子成長的歲月當中，若期望孩子能夠保有好奇心，願意去探索未知的世界，那首先我們得對孩子保有好奇，相信孩子是自己生命的作者，不帶預設立場地去理解孩子的語言，陪孩子展開一場全新的冒險旅程。

孩子天生就是充滿好奇心的科學家

蒂蒂三歲多時，有天我和先生帶她去附近的夜市覓食，途中她想玩彈珠台，我們詢問價錢後，發現一次五十元雖然有點貴，但結束之後還能挑個小玩具，其實還不錯！

大約過了十五分鐘，她打完所有的彈珠，接著選了一台綠色玩具手機，原本對夜市充滿好奇的她，自從拿到了新玩具後，夜市裡的任何攤位，無論是美食或遊戲，都已無法吸引她的注意力。

後來，我們返家了，她的注意力仍在新玩具上，突然我聽到「砰」一聲，原來是她將新玩具向上拋後落地的聲音，我擔心她摔壞玩具，便提醒她：「這樣玩具會壞掉哦！」但她並不聽勸，再次將新玩具將向上拋，當新玩具再度撞擊地面的瞬間，就真的四分五裂了。

　　女兒露出哭喪的臉，拿著四分五裂的手機碎片，拜託她的父親修理，但她的父親生氣地說：「你真是不懂得珍惜玩具，叫你不要摔，偏要摔，這下壞了吧！以後不給你買玩具了！」

　　雖然我不喜歡用這樣的角度來理解孩子，但我能理解對於現代的父母來說，大都成長於那匱乏的年代，逐漸養成「珍惜」的好習慣。

　　然而，什麼才是真正的珍惜呢？就像我們如何對待最愛的那件衣服，是放在衣櫃裡總是不捨得穿，待幾十年過去，才發現衣服泛黃了，或是自己的身材穿不下了嗎？還是趁現在可以穿的時候，多穿幾次，並且嘗試不同的穿搭方式呢？我選擇後者。

　　從女兒現有的認知來說，她沒有「重力加速度」的科學概念，也無法分辨手機玩具的材質與硬度，所以我相信她不是故意「摔壞」手機的，但我相信她是故意「摔」手機的，因為她想嘗試以不同的玩法，就像科學家一般，採取不同的實驗方式，來研究同一種化學物質。

　　最後，當蒂蒂摔壞玩具時，她會得到一個研究結果，就是這種類型的材質與硬度製作成手機後，若從高空墜地時會摔得四分五裂，自然下次就不會再拋高重摔了。

孩子，天生就是好奇心十足的科學家，那些被大人視為「麻煩」的行為，只是孩子的實驗方法，他們正在透過各種新的行動來認識這個世界的規則。

身為父母的我們，若是過度責罵或制止孩子的研究行為，這會容易扼殺了孩子的好奇心，使他不敢再透過嘗試去認識世界的規則。

我們可以試著成為孩子的研究夥伴，陪他一起做研究。有時玩具損壞所獲得的價值，比玩具的價格還來得更高。

當麻煩找上門，
父母請記得帶著好奇去開門

當孩子帶著「麻煩」來找我時，我會試著放下自己的預設立場，也就是放下評價與判斷，用好奇心去了解這是一個什麼樣的麻煩？這個麻煩來自於哪裡？麻煩想要做什麼？麻煩的目的是什麼？當我這樣子做時，我經常以一種創意的方式去歡送麻煩離開。

有陣子蒂蒂經常哭鬧，我和先生都戰戰兢兢地與她互動，深怕一不小心就引爆炸彈。

那天我和先生一起幫女兒洗澡，我們按照她的意思，我先

幫她洗完頭髮後，先生拿起肥皂搓揉出泡沫，正打算塗抹在她身上時，她突然說：「我身上都是泡沫，我要先沖掉。」

此刻，她的身上並沒有任何肉眼看得見的泡沫，先生忍不住說：「吼！又來了。」他心裡肯定想著，若不順女兒的意，又會在那邊亂，於是只好拿起蓮蓬頭，準備沖洗那「隱形的泡沫」。

我用眼神向先生示意，請他再等一下，我用好奇的口吻詢問她：「是噢！你身上都是泡沫啊？」

女兒開心地點頭說：「對呀！好多泡沫喔！」

接著，我再問她：「那你可不可以告訴媽媽，你身上哪裡有泡沫呢？」

頓時，女兒愣住幾秒，也許在想可以指哪裡，後來她指向小肚皮說：「在這裡呀！」

我認真看了她的小肚皮，並且還伸手觸摸，確定沒有任何一絲泡沫後，對她說：「原來是這樣啊！但我研究了一下，還是沒有看到泡沫，是跑到其他地方了嗎？」

她點頭說：「對！」指了另外兩個地方，而我同樣認真以待，確定都沒有泡沫後，對她說：「奇怪，都沒有泡沫可以沖捏！」

我突發奇想說：「不然，我們先用肥皂讓全身都是泡沫，

那這樣就可以沖泡沫了哦！」最後，蒂蒂露出微笑，興奮地說：「好啊！」

　　當孩子帶著「麻煩」找上門時，父母需要提醒自己冷靜下來，別急著給孩子貼標籤，也別用大人世界的語言和孩子進行溝通，父母可以順著孩子的思想脈絡，用好奇心開啟孩子的世界之門。

　　我們需要完全離開自己的世界，才能夠真正進入到孩子的世界，去理解「麻煩」如何影響著孩子的世界，去傾聽「麻煩」是如何在孩子的世界發聲。當我們能從孩子的脈絡去提問，就會突然在某個時刻發現：「原來是這樣啊！」理解過後，就能以創意的解法來取代衝突、控制或一味妥協。

少問「為什麼」，多問「如何」

　　我先分享一個童言童語的笑話，你就會知道為何要少問「為什麼」了。

　　有一天，蒂蒂終於等到父親下班後，她對父親說：「爸爸，我一整天都在想你耶！」我在旁心想，這也太誇張了。

　　女兒的父親一邊撫摸她的頭髮，一邊故作鎮定地回：「是這樣啊！」

接著,女兒話鋒一轉,突然問:「爸爸,你為什麼要回家啊?」

她的父親聽到此話,立即進入警戒狀態,回問:「怎樣?這裡是我的家,我不能回家嗎?」

沒錯,即使我們是出於好奇,但當我們給出「為什麼」時,接收的那一方很容易感受到被挑戰或質疑,心裡不由自主地冒出懷疑:「難道我不可以這麼做嗎?」

在助人者的技巧訓練當中,我們會提醒初學者少問「為什麼」,因為這會讓人有一種究責的感覺,我們會鼓勵初學者多問「如何」,來探索來談者的生命脈絡,這多了一份好奇,也多了一份理解,並且還有機會開展來談者未來的生命故事。

在陪伴孩子的過程中,我們經常忍不住說出:「你為什麼就是不能安靜呢?」、「你為什麼要一直哭?」

我們以為了解原因,就能夠找到解決問題的方法,但孩子的認知功能尚未發展完全,根本無法直接回答原因,有時還會答非所問,邏輯良好的父母就會誤以為孩子在推卸責任。

我們在陪伴孩子時,可以試著以「如何」來向孩子提問,這樣的問句能夠傳達出對孩子的信任,例如:「哇～你是如何辦到的?」、「喔?你是如何決定的呢?」

同時,「如何」也代表著對未來行動的期待,我們可以多

做點什麼，就能夠達到目標，例如：「我要如何做才能幫助孩子安靜？」、「你如何做能讓自己冷靜呢？」

請記得，我想表達的不是不能問「為什麼」，而是當我們問越多「為什麼」時，這會消耗孩子的能量，讓孩子限縮在他已知的過去，但當我們可以問越多「如何」時，這能增強孩子的能量，鼓勵他往未知的未來前行。

理解孩子，而非評價孩子

當我們願意放下自己的預設立場，保持中立而非評價的態度，對孩子提出好奇的問題時，就能重新理解孩子的故事，否則我們的提問就變成一種懷疑與挑戰，例如：「你真的可以嗎？」、「你確定要這麼做嗎？」、「這樣做好嗎？」

就像是長大後的我們，特別討厭返家過年，因為你會害怕長輩問你：「年終領多少呢？」

若那年你剛好轉職，長輩還會問你：「現在錢有領得比較多嗎？」長輩的好奇背後，帶著一種主流社會的眼光，用「錢」來評斷個人的價值，這樣的懷疑與否定，使我們越來越討厭過年。

我們都知道這世界不是只有「錢」的標準，還有其他很多很多的標準，帶著評價的好奇，就像是用帶有刺的牢籠，強行困住一個人，只要想逃脫就會被刺得渾身是傷。

也就是說，帶有判斷與評價的好奇，會變成在定義問題、分析問題的成因，這會容易把問題與人連結在一起，使人失去改變的力量與動力。

對我來說，我期許自己不要把「單一標準」架在孩子身上，我選擇理解孩子，而非評價孩子，我選擇帶著好奇的眼光，以及不帶預設立場的角度，陪著他去探索與學習。

敘事治療的「遇」兒筆記

以好奇心，陪孩子展開冒險旅程

敘事治療的談話氛圍，充滿著好奇心，這有助於來談者挖掘內在的寶石。這是一種不帶評價或立場的好奇，去理解個人生命的獨特面貌，背後隱含著對人的信任與敬重，深信每個人都有屬於自己的智慧礦脈，裡面藏著各式各樣的稀世珍寶。

黃錦敦是台灣敘事治療取向訓練講師及督導，他在《陪孩子遇見美好的自己》* 書中解釋，這種好奇並非為了蒐集資料，讓我們可以分析問題成因，是立基於對孩子、對生命的信任，

---

*　《陪孩子遇見美好的自己：兒童、遊戲、敘事治療》，黃錦敦著，張老師文化，
　　2012。

打從心底相信孩子有更豐厚的故事存在。

當父母願意用好奇心去進入孩子的世界，孩子會知道我們是相信他的，而不是懷疑他的，也不是來批評他的。這樣的好奇心，能夠使孩子對自身抱持著較正向的態度，相信自己能夠展開新的冒險旅程，發現更多有意思的人、事、物。

在陪伴孩子的旅程當中，我願意放下自己的「理所當然」，帶著對人的信任與好奇，成為孩子的「研究夥伴」，一起發現更多的「哇～原來是這樣啊！」展開一段美好的共學旅程。

麥克．懷特在《故事·解構·再建構》*中提到「外化對話」，就是將熟悉的事物陌生化。我很喜歡這個說法，也就是說重新去審視那些看似「理所當然」的事，讓它多了一份「哇～原來是這樣啊！」的理解，好去評估是否要成為自己的「理所當然」。

在父母眼中，有許多再「理所當然」不過的簡單道理，但對孩子來說都是極度陌生的。因此，父母在陪伴孩子成長時，可以試著把自己熟悉的「理所當然」擱在一旁，想像自己是一名剛出生在孩子世界的嬰兒，把孩子當成陌生人，把孩子的世

---

*　《故事 ‧ 解構 ‧ 再建構：麥克 ‧ 懷特敘事治療精選集》，麥克 ‧ 懷特著，心靈工坊，2018。

界當成陌生的環境，陪伴孩子一起開疆闢土，建立屬於自己的
「理所當然」國度。

04：遊戲心：
用玩樂探索
孩子內心世界

　　我在大學從事輔導工作多年，遇過數個「網路成癮」的孩子，他們常常翹課，或者根本不去上課，也沒有什麼朋友，若問他們平時做什麼？就是「打電動」。他們除了三餐與洗澡外，可以從醒來打到入睡，有時甚至不吃飯、不洗澡，完全沉浸在虛擬世界裡。

　　我曾進入他們的遊戲世界，希望更認識他們，我發現有些人在遊戲世界中是非常屬害的狠角色，願意每天花費大量時間練功打怪、不厭其煩地訓練自己的「手速」、煞費苦心鑽研打鬥技巧與闖關攻略，更在遊戲世界中和其他的夥伴組隊打敗大魔王。他們不僅勇敢、有毅力，也有團隊合作的能力。

　　當他們處於遊戲世界時，不僅專注、投入，甚至會進入「心流」狀態，高效發揮所長。然而，他們在現實生活中，卻是害怕與擔憂的，甚至採取「備戰」的狀態，抗拒任何嘗試，以避免陷入失敗與危險之中。

　　我曾問他們：「在現實生活中的你，遇到困難時沒有採取

行動，但在遊戲世界裡，是什麼原因讓你選擇不斷練習與嘗試呢？」

我得到的答案通常是：「因為在遊戲裡死了，還可以復活重來，但現實生活中，失敗就失敗了，根本沒辦法重來。」

遊戲世界的死亡，可以重新復活，而現實世界的失敗，並不會導致死亡，只是不成功，我們還是可以再嘗試的。但我想對他們來說，現實世界的挫折，可怕到會造成內在的死亡。

我帶領過幾次大學生的桌遊工作坊，我們在玩遊戲的過程中，一起討論如何和同學有更好的合作與溝通，當時有位學員回饋說：「以前我都覺得分組報告好討厭、好煩，不會有動力想要好好溝通，但現在為了玩遊戲，反而會很認真討論如何溝通和合作。」可見遊戲的魅力不只可以減低人的抗拒，還增加人的動力。

人腦彷彿是為了遊戲而設計的，為了遊戲我們可以專注一整晚，想方設法打敗遊戲裡的大魔王，試想若能發揮遊戲的精神，應用到現實世界當中，人生肯定會活得無比精彩！

也許，你的遊戲心早已被歲月摧殘，但沒關係！我們都可以從孩子身上，重新找回遊戲心，讓遊戲心幫助你面對教養上的困難，也迎接自己生命中的挑戰。

別急著「暫停」孩子的遊戲，
幫孩子「開啟」替代的玩法

我喜歡幫女兒做各種打扮、讓她嘗試各種髮型，每次裝扮完畢，我總忍不住打量她全身，並沾沾自喜地說：「嗯，可愛！」

豈知，有次她竟然把歪腦筋動到我身上，她把自己的衣服斜披在我的頭頂上，那垂下來的衣角還遮住我的半張臉，接著她仔細打量後，滿意地稱讚我說：「嗯，可愛！」

雖然明白她在模仿我說的話，但我仍不禁暗自竊喜，不好意思地指著遮住半張臉的衣角說：「這樣哪裡可愛啦！」

接著，女兒竟秒回：「衣服可愛啦！」當下，我乾愣在旁，原來不是我可愛，真是令我哭笑不得啊！

對年紀輕輕的孩子們來說，這世界是新鮮的，有著各式各樣新奇的事物，值得他們去體驗與探索。

他們會透過多元的方法來認識世界，當孩子開始丟東西，是為了研究地球的重力加速度，觀察物品要花多久的時間掉落在地上；當孩子開始捏食物，是為了研究食物的軟硬度，觀察食物會如何變形。

孩子做出這些舉動時，若我們只顧著用辱罵、糾正孩子的行

為，那將會澆熄孩子的遊戲心，往後他們只敢在遊戲世界裡打怪練功，而不敢在真實世界中為自己的人生奮鬥。

我們可以幫孩子找到「替代」的安全玩法，讓孩子持續保有遊戲心。

例如當孩子丟東西時，我會挑選家中幾個比較安全的物品，陪著孩子一起丟，然後再告訴孩子什麼東西可以丟、什麼東西不可以丟，以及丟的時候要在哪裡丟比較安全。

當孩子捏食物時，我會暫時允許他去體驗食物的觸感，再試著邀請他捏其他的物品，或者通常孩子捏個幾次、新鮮感沒了之後，就會想辦法「發明」其他的遊戲了。

當孩子做出令人憤怒的行為時，請父母要相信他絕對不是故意要來惹你生氣，也不是來向你討債的，他只是在玩遊戲，而且不知道「怎麼玩」比較妥當，此時就需要父母來告訴他，怎麼玩才安全，怎麼玩更好玩！

接納孩子的遊戲點子，
並添加新點子

過去我在大學工作時，曾邀請「勇氣即興劇團」的王思為教練蒞校分享。即興劇是沒有劇本的，這像極了人生，我們在與他

人互動時，沒有事先安排好的台詞，雖然有時我們會猜到對方下一秒要說什麼，但我們不可能永遠準確預測對方的反應。

　　我想你一定也會跟我一樣好奇，既然沒有劇本，那平時劇團是如何訓練或彩排的呢？即興劇其中一個訓練概念是「Yes, and......」，團員要訓練自己去接納別人的點子，同時在別人的點子上，再加上自己的小點子。

　　「Yes」指的是接納對方，把對方的話當真，而「And」就是發揮自己的創意，接續對方的話，這有助於雙方展開合作性的對話，不至於雞同鴨講。

　　然而，在生活中我們卻經常使用「No,......」和「Yes, but......」這會讓對話無法開展，共識也就難以出現。

　　「No,......」指的是，我們在溝通的過程中直接拒絕對方的提議。當溝通裡沒有 YES，只有 NO 時，是無法合作的，比方說兩人討論要喝哪一間飲料店時，無論哪一方提出什麼建議，對方都選擇拒絕的話，那最終兩人大概都會悻悻然打消興致。

　　另外一種情形是「Yes, but......」，指的是表面上同意對方的提議，但接下來卻直接說出這提議的缺點或限制，同樣難以達到共識，例如以下對話：

　　小卉興奮地說：「孩子終於回學校上課了，中午我們去吃泰

式餐廳，好嗎？」

　　阿興回應：「好啊！可是我不喜歡吃又酸又辣的東西。」

　　為了符合阿興的飲食喜好，小卉改口說：「那不然去吃日式餐廳？」

　　阿興說：「也是可以啦！可是日式餐廳都很貴欸！」

　　既然阿興不想花太多錢，小卉再次改口說：「那⋯⋯我們去吃巷子口的麵攤，如何？」

　　阿興說：「嗯⋯⋯也可以，但這是難得的獨處時間耶！要去吃這麼便宜的東西嗎？」

　　此時，小卉感到無奈，只好說：「那你想吃什麼？我們就去吃那間。」

　　阿興說：「好啊！可是，我目前想不到要吃什麼耶！」

　　看到這裡，你可能會聯想起生活中的人，似乎經常也有相似的回應模式。

　　王思為教練告訴我們：「在溝通上，我們必須分享控制權，每個人都有權利與義務拿到控制權，才能有良好的溝通！」

　　我認為「Yes, and......」的互動方式，也很適合運用在親子關係中。

　　若我們在與孩子遊戲時，可以學著接納孩子的想法，並從中

發展出自己的想法，當互動的齒輪順利轉動，遊戲的動能才能綿延不絕。

蒂蒂曾把恐龍造型的玩具槍，當成超商紅外線的掃碼器，把家裡的各種生活物品與玩具都掃個精光，還會問我：「老闆，你還有賣其他東西嗎？」

有次，她在客廳裡騎著腳踏車，而我坐在沙發上看電視。她驅車前來，用她那鬼靈精怪的表情說道：「老闆，我沒有油了，我要 95 加滿。」孩子是模仿的天才，而他們自創遊戲的取材全源自於生活中。

此時，千萬別掃興地說：「我這又沒有賣汽油。」當孩子燃起遊戲心時，我們別急著澆熄孩子的熱情，先替孩子添油助燃吧！

接著，我做出加油的動作，等待個十秒後，問她說：「小姐，油加滿了，請問有會員嗎？」

她聽到這加油時熟悉的語句，興奮了起來，點頭說：「有啊！」

再接著，我繼續加碼問她：「請問你有載具嗎？」

她又點了頭說：「有啊！」她伸出小手，要給我「嗶」一聲。

後來，她就騎著腳踏車繞茶几一圈回來，笑著說：「老闆，

我又沒油了。」

同樣的模式循環了好幾次,孩子越玩越覺得有趣,但大人很快就膩了,於是我試著加油添醋,對她說:「小姐,你累積的點數,可以換一包衛生紙了,請問你要換衛生紙嗎?」

此刻,女兒捧腹大笑,並用稚嫩的聲音說:「哈哈哈!我要,謝謝!」

接下來,每次的加油,她都會興奮地問我說:「點數集滿了嗎?可以換衛生紙了嗎?」

父母如何和孩子一起玩,其實很簡單,我們可以仔細觀察孩子正在玩什麼「油」戲,當他「油盡燈枯」時,為他添「油」,讓孩子的遊戲「芯」可以持續燃燒。

我永遠相信,遊戲是一種最高品質的陪伴,當孩子的遊戲有父母加入,孩子不只能夠學習到更多的生活經驗,也會玩得更盡興、更滿足、更幸福。

點燃孩子的遊戲心,
幫助他建立生活常規

許多父母在教養孩子時,為了建立起良好的生活習慣,經常要求孩子按照父母的步驟執行,但當孩子抗拒或不願遵守時,父

母若採取嚴厲的手段對付孩子，親子關係恐怕會變得更加緊張，甚至惡化。

我曾數次與兩歲的蒂蒂各執己見，雙方僵持不下，無法取得共識。那是段非常難熬的時光，女兒不斷暴哭，而我氣急敗壞，弄得整個家烏煙瘴氣的。

後來，在回顧女兒出生至今的生活日常時，我意識到她每天除了吃飯和睡覺的時間外，都在「玩耍」中度過，於是我打算從她最熟悉的「遊戲」下手，調整溝通策略。

當時，我剛開始使用蓮蓬頭給女兒沖髮，她經常在浴室裡跑給我追，或是不斷哭喊抵抗。我試著加入遊戲的元素，在平時陪伴她時和她玩起「水沖頭髮」的扮家家酒遊戲，久而久之，在浴室裡洗髮的真實情境，也逐漸成為她的遊戲情境之一，雖然沖髮對她而言還是有點恐怖，但她更有意願提起勇氣迎接挑戰，這讓我們彼此都能安然度過洗髮時光。

有一陣子，女兒突然變得不喜歡洗澡，每次洗澡時總得千呼萬喚，她才肯進到浴室。後來，我給她一個小水槍，每到洗澡時間，就叫她拿著水槍到浴室裡打壞人，一想到可以玩水的她，跑得比我還快，甚至還會催促我去浴室幫她洗澡。

有時，我會認為人生在世何須一板一眼？教養孩子何須正經

八百？與其讓自己過於焦慮緊繃，不如保持著遊戲心，當作是來
地球陪孩子一同旅行，好好玩耍遊玩一番。

　　每當孩子抗拒時，身為父母的我們可以引發他的遊戲心，讓
他覺得有趣好玩，願意嘗試與投入，雙方不僅關係不再緊張，還
有助於提升親子關係呢！

親子間的「友誼賽」比同儕間的
「競賽」更好玩

　　在陪伴孩子成長的歲月裡，你是否曾覺得無聊透頂？那些
管教及催促孩子的話，早已說了成千上萬遍，但仍毫無效果。孩
子還是不願自己收拾玩具，洗澡時總得三催四請，吃飯時依然分
心、愛吃不吃的。

　　此時，父母為了要讓孩子更加聽話，往往會採取「比較」的
方式，來激發孩子的勝負心，對孩子說：「那個誰家的孩子，吃
飯都比你快。」或者是「對面鄰居的小孩，都會自己收玩具，不
像你都把玩具亂丟！」

　　我們以為這樣能夠成為孩子的動力，但事實上卻容易造成反
作用，不只傷了孩子的自尊心，也會讓孩子變得更加抗拒、被動。

　　有些大學生尋求心理諮商協助的原因，是因他們總是忍不住

和同學爭輸贏，明裡暗裡都在爭奪，像是比誰身材好、成績好、錢多、誰的伴侶更帥或更美，唯有贏了才能認同自己，輸了就只能暗地裡自認不如人。

　　當他們在諮商室裡回溯童年的成長經驗時，我發現他們的父母普遍很愛拿親朋好友來做比較，藉此推動孩子成長，但同時也把孩子的自我認同的主控權拱手讓人了，孩子以「比較輸贏」做為評估自我價值的依據，但人外有人、天外有天，永遠無法完勝，輸的永遠都是自己啊！

　　每個孩子都是獨特的，都有自己擅長的部分，也有不足的地方。我們不能隨意拿孩子的弱點去和他人的強項做比較，這並不公平；我們也不能拿孩子擅長的部分，去和他人的弱點做比較，這勝之不武。

　　通常，當我從孩子身上察覺到抗拒時，我會在與孩子互動的過程中，加上一點「遊戲」的元素，比如說來一場親子之間的「友誼賽」，好讓彼此覺得有趣，更有意願去行動。

　　三歲之後的蒂蒂，又開始抗拒洗澡了，那次洗澡時間到時，即使浴室裡有許多玩具，她仍意興闌珊。當下，我突然靈光一閃，提高語調對她說：「我們來比賽吧！」

　　她轉頭問我：「比賽什麼？」

我假裝思索了一下，對她說：「嗯⋯⋯我們來比賽誰先到浴室！」才剛說完，她立即把玩具遞給我，飛快地衝去浴室，而我手拿玩具，還愣在原地。

後來，我們常常舉辦各種比賽，例如：吃飯時看誰先吃完、睡覺時看誰先睡著，回房間時看誰先上樓。

孩子在學習生活常規時，一開始覺得新鮮有趣，但隨著時間久了，這些生活裡每天要做的瑣事，難免會變得越來越無聊，我們可以在此時加入一點遊戲裡的競爭元素，一起來比賽誰做得又快又好，不但能夠減少孩子的抗拒，也能幫助他專注投入現在的任務當中。

切記，我們要避免把別的孩子當成競爭對手，並用「激將法」激發孩子成長的動力，這可能傷了孩子的自尊而不自知，我們可以試著和孩子來一場友誼賽，讓生活變得更有動力、更有樂趣。但同時，我們也得隨時留意自己如何玩得恰到好處，別失去了遊戲心，還勾起自己與孩子的得失心，一定要來個你爭我奪或兩敗俱傷的下場。

別拿「關係」開玩笑，
這一點都不好笑

人人都有「開玩笑」的經驗，無論是被開玩笑或開別人玩笑，不過我想你也發現了，有些玩笑話特別好笑，可以緩解現場不自在的氣氛，但有些玩笑一點都不好笑，只會讓氣氛變得更加緊繃，甚至尷尬。

在陪伴孩子長大的過程中，為了好玩，我們也會跟孩子開玩笑，然而當我們的玩笑變成一種「心理遊戲」，試圖利用關係來達到私人目的時，那對孩子而言，一點都不好玩，因為那只是一種威脅孩子的話術。

有天，我的耐心被工作掏空後，只剩下一身疲憊，不得已只好請先生把女兒抱下樓，讓婆婆照顧一會兒。然而，約莫十分鐘後，我就聽見女兒喊著：「麻麻～麻麻～麻麻～」隨著呼喊聲越近，我擁有的片刻喘息時間就越短。

躺在床上的我，心裡盼望能偷得幾秒的自由。於是，我要賴地躲在棉被裡面，不想被女兒發現。

女兒進房後，不斷喊著：「麻麻～」她在房內四處尋我，越喊越大聲，也越喊越快，她的著急喚起我一段童年的回憶。

　　那日下課，我在速食店等待母親接送，但隨著時間分秒流逝，我始終不見母親騎車前來的身影。

　　潛伏在內心的魔鬼，探出頭來責備我說：「都是你不好，所以媽媽才會遺棄我們。」

　　我與魔鬼談判，試圖說服他，母親不可能遺棄我。後來，不知過了多久，母親終於從遠方緩緩前來，她的出現，直接打退我心中那恐懼被遺棄的魔鬼。

　　此刻，蒂蒂的求救聲，從耳邊鑽入心裡，把我從回憶裡拉回現實，我豈能忍心任由她獨自與那魔鬼大戰，於是我迅速掀開棉被，大喊：「麻麻在這裡啦！」

　　仔細想想，孩子只是父母生活的一部分，但父母卻是孩子的全部，每個孩子都害怕被父母拋棄，若輕易把孩子當成垃圾，想丟就丟，即使開玩笑地說：「不要哭！不然就叫垃圾車載走你。」也可能誤傷了孩子幼小的心靈。

　　請父母也別把愛當成「資源回收」，總用「回收愛」來威脅孩子聽話，例如開玩笑地對孩子說：「餅乾要不要給我吃啊？不給我吃的話，我就不愛你了！」請父母別辜負孩子對你深深的愛與依賴。

遊戲的效果，
就是讓家庭長出「笑」果

　　蒂蒂出生後的兩年，全世界就因為新冠病毒肆虐而陷入危機，我們不敢隨意帶她外出，我想許多家庭也遭遇到同樣的情境，只能在家生活的我們能做什麼呢？是否覺得很無聊、無趣？甚至有更多的爭吵呢？也許，可以試著找些遊戲來玩玩！

　　當時，我在國語日報分享了我和女兒在家玩耍的遊戲，篇名是〈疫情時代哭笑不得的育兒時光〉，擷取部分內容如下：

　　習慣天天外出散步的女兒，已被關在家中數天，她終於受不了，吵著要出門散步，當下我靈機一動，對她說：「走，我們去散步！」

　　她露出既期待但又困惑的表情看著我，彷彿在問：「真的可以嗎？」

　　接著，我牽起她的手說：「我們在房間裡散步啊！」後來，我們沿著床緣，邁大步來回走，女兒露出心滿意足的幸福表情。

　　然而，當每天都「在家散步」，女兒很快就膩了，我只好再來點不一樣的。

　　基於女兒喜歡模仿購物結帳時，店員掃描條碼的動作及聲

音，於是我發揮創意在「在家散步」時，在床頭櫃設下第一個「嗶」點，以及在正在看電視的先生身上設下第二個「嗶」點。

不料，這兩點讓「在家散步」轉變成「在家折返跑」，她拉著我的手，既興奮又瘋狂地在兩點間來回奔跑，整晚不停歇，就只為了繼續「嗶」下去。

疫情使我們的行動受限，這是事實，但我們仍能從有限的空間裡，發揮出獨特的創意，若沒有疫情的存在，我也不會撒下「在家散步」的種籽，進而開出意想不到的「笑」果。

想起在禪繞畫的世界裡也是如此，運用有限的線條，創造出豐富的圖案，如同我們陪伴孩子的時光，雖然生活看似平凡無奇，但若能夠帶著遊戲心，在限制中給予新的元素，也許會擦出火花，那天就會變得特別有趣！

敘事治療的「遇」兒筆記

遊戲是進入孩子心門的一把鑰匙

通常，因為網路成癮而申請諮商的來談者，我和他們的關係都建立得還算不錯，主要的原因是我自己也曾數次沉迷於網路遊戲中，可以為了某一個活動或任務徹夜不眠，也曾經在兩款遊戲

中榜上有名。我玩過的遊戲項目可說不計其數，也因此具備足夠的知識，能迅速了解他們口中的遊戲世界。

我和他們建立關係的入口，就是「遊戲」。我會先了解他們玩哪幾款遊戲，這遊戲是什麼類型的？是單機版還是網路版？是屬於角色扮演類型嗎？或是回合制的策略遊戲？還是射擊類的遊戲呢？

當我提出好奇時，他們通常都會愣住，並且疑惑地看著我，心裡大概想著：「怎麼會問這種問題呢？」因為他身邊的師長或父母，並不會關心他們在遊戲裡的狀態，只會不斷地要求他遠離遊戲。

後來，他們逐漸放下抗拒，打開心房侃侃而談，因為他們知道我理解他們，認識他們在遊戲世界的英雄故事。

敘事治療的觀點，不會從問題的角度去理解來談者，而是從來談者覺得有興趣、專業、願意說的地方開始，因為這裡是他們最想先被「懂」的地方，也是進入心門的入口，引導我們進入來談者的世界，尋找他的能量與動力，來解開目前遭遇的難題。

遊戲是孩子最愛的活動，遊戲也是最自然的溝通媒介，一種自我表達的工具，在遊戲的過程中，孩子能夠更輕鬆自在地表達自己的情緒與想法，並且發揮無比的創造力與想像力。

也就是說，當父母在與幼兒互動時，雖然孩子難以像成人般有精準的口語表達，但是我們可藉由「遊戲」開啟孩子的世界之門，幫助父母順利走進孩子的世界。

當親子關係發生衝突時，抗拒是會引發我們的負面情緒的。我發覺自己抗拒的程度有多高，不耐煩就有多大，而孩子抗拒的程度有多高，我的憤怒就有多大，但遊戲能助我們化被動為主動，許多不願意面對的事情，在燃起遊戲心之後，就變得有趣了。

遊戲幫助我們用有趣的角度解讀現在的挑戰，也幫助我們接受已經發生的事實，用創意的方式找到應對之法。

父母可以試著用遊戲去陪伴孩子成長，不僅能夠輕鬆進入孩子的內在世界，也會聽見更多孩子的笑聲，看見更多孩子的笑容。

同時，我們自己在面對人生的各種關卡時，若能把人生的難關當作遊戲副本，將會得更有勇氣、更甘願，甚至更有智慧地迎戰生命當中的大魔王，痛快大幹一場！

05 ：同理心：你喜歡孩子如何待你，就如何待孩子吧！

在〈打開心〉我提到了，在要求孩子安靜之前，父母得先讓自己安靜下來；在〈責任心〉我提到了，若想培養孩子的責任心，那父母得先成為願意為自己行為負責的人；在〈好奇心〉我提到了，若期望孩子能夠保有好奇心，願意去探索未知的世界，那父母得先對孩子保有好奇。

在陪伴孩子時，父母以身作則最具說服力，這就是「同理心」的發揮，我們希望孩子如何，自己就得先如何。

當我們能夠帶著同理心，站在孩子的立場去思考，非常有助於提升親子關係的品質，但是大部分的父母很難運用「同理心」來看待孩子，因為我們離童年實在是太遙遠了，時間的距離成為我們與孩子的阻礙，讓我們很容易忘記自己當時的感受，以及忽略了孩子的感受與想法。

我們可以喚起童年的記憶，當自己還是孩子時，你喜歡父母如何對待你？也許是用正面的語言，支持你做的決定，鼓勵你做自己想做的事情。你不喜歡父母如何對待你？也許是用負面的語

言，強迫你服從命令，威脅你得變更好、更符合父母的期待。

自己喜歡的方式，可以試著用在孩子身上，觀察他喜不喜歡，若喜歡的話就可以持續使用，而自己不喜歡的方式，就別加諸在孩子身上了吧！

少一點比較和控制，
多一點陪伴與自由

在你的成長過程中，父母是否經常拿其他人來跟你比較呢？

天外有天，人外有人，這世界不乏有人表現得比你好，即使你已經表現得夠好了，例如英文成績已到無人匹敵的地步，但你的父母卻拿你不擅長的數學，去和擅長數學的表弟做比較，對此你的父母還會解釋說：「我這是為了你好，希望你各個方面都好。」可這根本是場不公平的比試啊！

我曾在女人迷網站上分享臺劇《火神的眼淚》，其中有一段是母親打著為孩子好的名義，逼迫孩子成為母親期待的樣子，以下節錄劇情描述的片段：

徐子伶留著一頭俐落的短髮，她是全隊唯一的女性消防員，她面對工作總是努力、認真和負責，然而努力的背後，卻來自於母親的「為你好」。

子伶出生於單親家庭，徐母經常提及徐父與外遇對象生

子，重男輕女的徐父才選擇拋下她們。

當孩子以為自己生理性別是父母離異的主因時，便容易

己的生理性別感到愧疚，甚至試圖透過其他方式，來展現出

一個生理性別的樣貌。就如同子伶把自己的頭髮剪短，打扮

性的樣子，並且培養堅強、負責和可靠的特質，最後還選擇

性居多的職業。

後來，子伶遇見了父親，她才知事實真相並非如母親所

原來全是母親一廂情願，他們根本沒有結婚或交往，只是因

時酒後意亂情迷，兩人才發生性行為而懷上子伶。

得知真相的子伶，返家後嚴肅地問徐母，但她卻反過來

子伶：「我這麼做，一切都是為你好！」

子伶反問徐母說：「你說，我有個美國長春藤名校畢業

弟，現在在開飛機，這都是為我好嗎？」

徐母自顧自地解釋：「我不這麼說，你會上進嗎？你

麼拚嗎？」她甚至還責怪子伶的出生，破壞了自己原本美好

生。

然而，子伶已意識到這一切都只是母親在自欺欺人，不

面對自己的問題，把女兒當成代罪羔羊，用許多的負面情緒

言控制女兒，替她完成美夢。

這雖是戲劇裡的一小片段，但卻經常在現實生活中血淋淋上演著，父母打著「為你好」的旗幟，使用「比較式」的貶抑語言，逼迫孩子成長，像是「誰家的孩子都已經戒尿布了」、「誰家的孩子都會自己上廁所了，你怎麼現在還不會？」

甚至，父母還可能放大招，對孩子進行人身攻擊，例如說：「你怎麼這麼笨！誰誰誰在你這年紀都會自己吃飯了。」

這些「為孩子好」的背後，也許藏著父母人生裡的失敗，希望透過掌握孩子的人生，來幫助自己贏得人生的勝利。

其實，每個孩子都有自己的發展方向，以及自己偏好的成長速度，身為父母的我們，若是要求孩子踩油門超速行駛，這不僅會使孩子失去自主成長的快樂，也會失去前進的動力。

當孩子在不自覺間養成被父母親「推」著走的習慣，缺乏了練習如何自我成長與獨立的機會，那孩子的人生將會變得越來越被動，演不出專屬於自己的美好人生。

因此，在陪伴孩子的過程中，父母得時刻留意自己是否反客為主，要求孩子只能按照父母期待的方向前進時，恐怕孩子的人生只會越來越退後。

用「壞」的語言，
無法讓孩子變「好」

在你的成長過程中，父母可曾舉著「為你好」的旗幟，迫使你滿足他的期待？當你付出實際行動來討好父母，卻發現父母的期待貪得無厭，永遠都是「好，還要更好」。

在我成長的過程當中，母親很少稱讚我。我在國中第一次段考時，數學考了全班最高分，當日放學返家時，我立即衝去廚房告訴母親：「媽，你看，我數學考了九十一分耶！」

母親連看我一眼都沒有，就直接說：「你又沒有考一百分。」便繼續切菜。

下次的段考，我的數學真的考了一百分，原以為她會稱讚我，豈知她再度潑冷水說：「別的同學也會考一百分啊！如果只有你考一百分，這才叫厲害。」對母親而言，必須贏過所有的人才算好，但我不可能阻止其他人也考滿分啊。

父母經常求好心切，一看見孩子不足的地方，就會立馬「指出來」。若是累犯，還會用不耐煩的口氣說：「吼！是要跟你講幾遍，你才學得會？」

也許，我們的初衷來自於希望孩子變得更好，但若過度使用

負向語言時，孩子容易貶低自己的價值，甚至讓孩子選擇放棄自己的人生，因為不管怎麼做，都無法達到父母心中完美的期待。

請容許我再回到，我在女人迷網站分享《火神的眼淚》帶給我的啟發，節錄其中一段文字如下：

劇中描述一位古姓資優生，因考試失利而投河自盡，消防員歷經千辛萬苦打撈，仍就醫不治宣告死亡。

古母得知死訊後，崩潰責問古父：「只是一次考試的失敗，你卻要摔爛兒子的手機，甚至還說他不配當你的兒子。」接著，古母激動地搖晃古父的手臂，並大喊說：「你有讚美過他嗎？」古父始終低頭不語。

試想，如今成為大人的我們，是否也難以稱讚自己的孩子呢？

我們靠著被責罵與貶低所化成的動力，去追求別人所設定的目標，永無止盡地去滿足他人的期待與要求，最終也無法得到真正的肯定與認同，因為只要失敗一次，就會成為那顆老鼠屎，壞了人生的整鍋粥。

其實，語言就像情緒一樣，也可簡單區分為「正向」與「負向」。

當我們總是使用「負向」語言，試圖改變孩子的「負面」行

為，但這是無法幫助孩子發展「正向」心態的，反而會使孩子對自己形成「負面」的自我認同。教育無法「負負得正」，「負向」的語言只會降低親子關係的品質，並且讓孩子越來越討厭父母眼中的自己。

孩子如同一面鏡子，
映照出父母的言行

一個人的人格養成，除了先天性格外，後天的影響也很深遠。

學齡前的幼兒，通常是透過父母或主要照顧者的行為反應，來建構自己對世界的認知。以孩子學習「語言」來說，兩歲之後的孩子，他們會採取「鸚鵡式」的學習法，找相似的情境來模仿大人使用的語言。

有陣子，我因為身體不舒服、行動不便，於是把泡奶的重責大任交給先生，因此每次女兒向我討奶時，我就對先生說：「老公，去泡奶。」

後來，當我身體好轉時，女兒又再次向我討奶喝，我正要起身前去泡奶時，她竟直接看向她的父親，模仿我的口氣說出：「老公，泡奶。」先生在旁聽見這鸚鵡式的語言，露出又好氣又好笑

的表情。

還有次，我下班時，婆婆向我抱怨女兒的奇怪行徑——鄰居的狗明明沒對女兒吠，女兒竟然對著狗大喊：「你壞壞，你走開！」

我很納悶，我和先生從未說過這六個字，女兒是從何處學來的呢？於是我詢問女兒：「『你壞壞，你走開！』是從哪裡學來的呢？」接著，女兒支支吾吾，說不出所以然來。

不過，婆婆倒是說話了，她回憶起前幾天，自己確實對那隻狗說過：「你壞壞，你走開！」這下，找到真兇了！

大約兩歲之後的幼兒，當大人說什麼，他們就會說什麼。身為主要照顧者的我們，必須隨時留意自己使用語言的習慣與修養，提供給孩子最佳的示範。

在孩子成長的過程中，就像一面照妖鏡，幫助我們覺察與反思自己的說話方式與因應問題的心態。

當父母發覺孩子口中說出來的話，不太討人喜歡時，先別急著責怪與糾正孩子，請好好檢視自己是否有說出同樣的話？因為孩子都是模仿父母的。

當父母希望孩子能夠反省自己的說話方式時，請父母先好好反省自己是如何和孩子說話的？說這些話時是什麼樣的心態？是

否需要調整一下呢？當父母願意調整自己說話的語言時，孩子自然也就跟著改變使用語言的方式。

你若照亮孩子，
未來的某個時刻，孩子也會照亮你

自從孩子出生後，我常練習採取「同理心」的姿態來陪伴孩子。簡單來說，就是己所不欲，勿施於「兒」，反過來說就是：「我期待孩子如何對待我，那我就如何對待他吧！」

我在陪伴孩子的過程中，很少破口大罵或指責孩子，因為我也不喜歡有人用憤怒的口吻指責或命令我，我更不希望未來孩子長大後反過來吼我。

剛出生的嬰兒還不會說話，只能用哭來獲得安慰與食物，久而久之也就習慣用哭來獲得自己想要的事物，或是逃避不想要的事物。當孩子越來越大，想要的越多，父母也越不容易滿足他們了，為此他們就哭得越大聲，惹得父母心煩意亂。

不得不承認，幼兒的哭聲確實令人煩躁，聽得越久，自己肚裡的火氣就越躁動，最後火山爆發，用「怒罵」來制止孩子的哭泣，這是最直接省力的方式，但也是最粗暴的對待方式。而且父母還給了最糟糕的示範，示範如何用暴力溝通、如何用

092

暴力掌控他人。

　　因此，我會儘量避免自己做出不良示範，我會先試著同理孩子的情緒與想法，例如說：「媽媽瞭解！得不到自己想要的東西，真的會很難過。」讓孩子知道情緒是自然產生的，是可以被接納的。

　　接著，我會陪伴孩子去經驗與處理失落的情緒，例如我會對孩子說：「我會在旁邊陪你喔！」讓孩子知道，每個人都要學習如何調節自己的情緒，但這過程中，身為母親的我，願意在一旁陪伴與支持他。

　　後來，女兒竟在我憤怒時，也採取同樣的方式陪在我身邊，這令我感到十分驚喜，我分享在《人間福報》，篇名是〈照亮孩子那道光〉，節錄片段：

　　女兒因為各種事情鬧脾氣，讓我越來越感疲乏，差點就讓「一片尿布」壓垮我這新手媽媽。

　　當時，女兒的尿布已溼到快滲出來了，卻一直跑給我追，怎樣也不肯更換尿布，過程中還弄亂了許多家具和物品。最後，我臉色一沉，就在即將破口大罵之際，女兒見我臉色大變，立即安靜了下來，並對我說：「媽媽陪你喔！」女兒的一句話，瞬間讓我冷靜下來了。

「媽媽陪你喔！」這五個字，彷彿在告訴我：她會陪著我，但我的情緒只能自我調適，不能讓孩子負責。

當我們照亮孩子的心，那未來的某個時刻，孩子也會照亮我們的心；而我們如何幫助孩子，未來的某個時刻，孩子也將如何幫助我們。

因此，請父母好好記住，你自己喜歡如何被對待，請你先這麼對待孩子吧！

用「同理心」拉近家人與孩子的距離

隨著蓁蓁的月數漸大，來到一歲多的她已經很會「玩」了，任何東西都能引起她的好奇。然而，有天婆婆卻告訴我們，女兒的脾氣越來越糟糕了，只不過是拿走她正在玩的玩具，她竟然直接向後仰，賴在地板上不停哭鬧。

於是，先生想起自己在陪伴女兒時，也遭遇到類似狀況，因此第一時間認同婆婆的說法，並相信若再任由她發展下去，以後女兒個性會越來越差。

我無法接受用這樣的眼光看待女兒，於是私下反問先生：「可是，玩到一半玩具被搶走，本來就會生氣啊！」我想這跟個性沒有關聯，而且不生氣才怪吧？

先生彷彿還帶著對女兒的不耐煩，回我說：「那也用不著哭成那樣吧！只不過是玩具而已。」

我似乎也被這不耐煩影響，忍不住回嗆：「好啊！下次，我就在你打傳說對決時，搶走你的手機，看你會不會生氣。」

先生突然嚴肅地對我說：「這個不行哦！你絕對不可以搶我的手機。」

我讓自己靜下來，試圖動之以情，曉之以理，向他解釋道：「你玩遊戲玩到一半，手機被搶走會生氣，就像女兒玩到一半，玩具被搶走，都是一樣的啊！」一個小玩具在大人眼裡是多麼微不足道，但在小小孩的心裡卻是無比珍貴。

責備與抱怨，會帶來疏離與厭惡，讓家庭變得烏煙瘴氣，但我們可以試著運用「同理心」的力量，協助身旁的家人或照顧者發揮自己的同理心，設身處地去理解孩子的感受，不僅能消散負面情緒，還能拉近彼此的距離。

敘事治療的「遇」兒筆記

父母和孩子的生命經驗都值得敬重

敘事治療相信每個人都是自己生命的主人，都有權利選擇自

己前進的方式與速度，也只有自己最了解自己想要怎麼活。

　　我們可以帶著敘事精神裡對生命的敬重之意，開啟這段「遇」兒旅程，對孩子的生命發展給出尊重，對孩子的生命渴望給出支持。

　　在這裡，我想先邀請你一起來回想自己與親朋好友的互動情況。

　　當你向朋友訴苦時，是否有些朋友總愛插話，說他想說的，或者你明明不想說，他卻強迫你一定要說。他們對你的生命脈絡一點興趣都沒有，他們只是想要滿足自己的需求，說自己想說的話，聽自己想聽的話。

　　如果你足夠幸運的話，你的生命中可能有另一種類型的好友，他願意聽你說，但不會強迫你說；他願意理解你，但不會評論你的事；他會給建議，但不會要求你必須這樣做；他會支持你的決定，並且尊重你是自己生命的主人。

　　在你的家人關係中，有些家人總是喜歡給你各種批評與建議，要求你按照他們的期待前進，當你與他們相處時，經常喘不過氣來，也會很討厭他們眼中的自己，覺得自己差勁透了。

　　如果你足夠幸運的話，你的生命中可能有另外一種類型的家人，他們始終支持與尊重你的想法與行動，當你與他們相處時，

你會覺得很自在，也很喜歡他們眼中的自己，覺得自己棒極了。
你喜歡哪一種朋友跟家人呢？肯定都是後者吧！

在孩子的成長歷程中，若是父母強迫加速生長，孩子無法按照自己的速度前進，就猶如揠苗助長，反而有害。若我們強迫孩子提早學會走路、逼迫孩子提早戒掉尿布、強迫孩子學會表達，將使孩子失去成長的主權，孩子的生命將變得越來越被動、受限。

請父母相信自己的孩子，他有他自己獨特的活法，不用按照你的標準來活，孩子也能夠活得好好的，甚至活得更好、更精彩。

06：

勇氣心：
撕下自己
與孩子身上
不討喜的貼紙

　　身為大人的我們，每到農曆七月，就會擔心孩子撞鬼，甚至會到廟裡求護身符來給他保平安，但我們卻沒有注意到，平時的自己經常在孩子的額頭上黏上「鬼」貼紙，例如：「愛哭鬼」、「小氣鬼」、「懶惰鬼」、「骯髒鬼」、「自私鬼」。

　　沈克爾博士，是加拿大約克大學心理學與哲學的傑出研究教授，他在《孩子不是壞，只是壓力大》[*]書中提到：「孩子的種種行為，是因他們對身邊正在發生的每一件事，像是聲音、噪音、注意力分散、不舒服及情緒等，無法對當下做出適切的回應，但是我們卻把這些問題，視為孩子的性格或氣質。更糟糕的是，孩子自己也相信了。」

　　也就是說，當我們把孩子所展現出來的行為，視為人格特質的一部分，最後會變成孩子的自我認同。

---

[*] 《孩子不是壞，只是壓力大：5個步驟，教出孩子迎戰未來的調整力》，沈克爾著，遠見天下文化，2017。

夜路走多了，容易碰到鬼，而孩子得到的「鬼貼紙」多了，也容易變成「鬼」，我想天底下沒有一位父母會希望如此。當父母選擇走上取笑或羞辱孩子的夜路時，孩子就會遇到「鬼打牆」，迷失在父母為他設定的路線裡，難以走出自己的路。

但話說回來，父母是給不出自己沒有的「鬼貼紙」的，這些所謂的「鬼貼紙」，都是從父母本身的成長經驗中獲得的。

你喜歡這些代代流傳的「鬼貼紙」嗎？如果你喜歡，可以繼續「黏」在孩子身上，狠狠「黏」他一輩子，再傳給下一代。但若你覺得這些「鬼貼紙」並不討喜，也許你可以試著從這一代開始，終結「鬼」故事的流傳，發展真實又討人喜歡的故事。

過去糾纏著你，你糾纏著孩子，就像「抓交替」一樣

孩子的行為表現猶如一面鏡子，會照映出父母自身童年的受創經驗，若我們沒有好好療癒過去的傷痛，這些傷痛就會投射到孩子身上。過去糾纏著我們，而我們糾纏著孩子，就像「抓交替」一樣殘忍。

「我以前都沒有像你現在一樣這麼好命！」

「我這麼辛苦為了你，你還這麼不聽話！」

「我已經忍你很久了，你再這樣，打到你叫不敢。」

你是否也曾聽過或說過這樣的話呢？

當我們說：「我以前都沒有像你現在一樣這麼好命！」也許反映著成長過程中的自己，沒有獲得足夠安穩的生活，充滿著匱乏感。於是，長大之後的我們把「匱乏感」投射在孩子身上，逼迫孩子學習知足和感恩。

當我們說：「我這麼辛苦為了你，你怎這麼不聽話！」也許這反映著過去的我們，常透過犧牲與委屈自己，去迎合父母親的期待。所以，長大後的我們把「委屈感」投射在孩子身上，期待孩子犧牲自己來成全我們。

當我們說：「我已經忍你很久了，你再這樣，打到你叫不敢。」也許這反映出過去的自己，若是沒有聽從父母親的指示，就只有挨打的份，因此我們不斷選擇忍耐，但心中的憤怒無從發洩。結果是，長大後的我們把對父母親的「憤怒感」投射在孩子身上，期待在孩子身上找到出口。

父母對孩子必然有期待，但我們得留意那期待背後的需求，恐怕是童年壓抑至今仍未能滿足的需求。過去糾纏著你，而你糾纏著孩子，但養育孩子，不是用來「抓交替」的，孩子沒有責任，也沒有義務，透過犧牲自己的人生，來滿足父母的童年需求。

　　蘇珊・史帝佛曼是一名在美國執業的心理治療師，她在《當下的教養》*書中提到，孩子不守規矩的行為，可以是父母的一份生命之禮，只要父母願意如實檢視內心，不把自己的傷痛投射在孩子身上，就能解決過去懸而未決的情緒。

　　因此，請試著思索孩子讓我們感到困擾的行為背後，有可能是哪些需求還未被滿足，並試著展開建設性的行動，自我滿足需求。

　　當你想對孩子說：「我以前都沒有像你現在一樣這麼好命！」時，你有辦法讓孩子過得好命，那肯定也有辦法讓自己過得好命，請你多做一些讓自己會感到好命的事情，哪怕只是簡單的小確幸也好。

　　當你想對孩子說：「我這麼辛苦為了你，你還這麼不聽話！」時，請你先別期待孩子聽你的話，你真正需要的是，傾聽自己的內心話，多多為自己而活。

　　當你想對孩子說：「我已經忍你很久了，你再這樣，打到你叫不敢。」時，你的憤怒確實需要抒發，但不是肆意發洩在孩子

---

*　《當下的教養：找回你的自我覺察，就能教養健康小孩》，蘇珊・史帝佛曼著，橡實文化，2015。

身上，請你思索最根源的憤怒來自於哪裡？並且讓憤怒化為有意義且具建設性的行動。

在陪伴孩子的過程中，我們不能粗魯地拿孩子來「抓交替」，讓孩子成為自己童年創傷的「替死鬼」。

那些童年所受的傷，我們可以自我療癒，那些成年之後的遺憾，我們可以自我彌補，請父母留給孩子選擇自己人生的機會，別讓孩子的存在只是為父母而活。

你也有雙陰陽眼，
經常看到「鬼」嗎？

有陣子，由於婆婆眼睛不適的關係，小姑便帶著女兒彤彤來我家暫住一週，請我幫忙一起帶孩子。

小姑的女兒也是獨生女，年紀大蒂蒂四個月，這兩位年紀相近的獨生女，同住一個屋簷下，如一山不容二虎般，把家裡鬧得天翻地覆，當時的我在三樓書房參加線上課程，竟整日都能聽到從一樓直穿而上的哭鬧聲。

後來，我從婆婆與小姑的口中得知，原來我的女兒在這段期間，變成一位「自私」又「霸道」的女孩，不肯分享玩具，甚至還會動手打姊姊、搶玩具等，真是壞透了。

　　我很擔心女兒的狀況，我並不希望她從家人身上獲得自私又霸道的人設，於是我決定先從旁觀戰。

　　一開始，這對姊妹花玩得很開心，但才過幾分鐘，蒂蒂發現彤彤正在騎她的腳踏車，便立馬推彤彤下車，並說：「這是我的腳踏車欸！」

　　由於蒂蒂擁有兩台腳踏車，婆婆見狀就立即要求她：「你就給姊姊騎啊，又沒有什麼關係！」

　　緊接著，小姑竟向彤彤說：「蒂蒂就是小氣鬼，玩具都不借給你玩，你就不要跟她玩就好了！」

　　原來，我女兒一直哭鬧的原因，是來自於「強迫分享」，如果不願意分享，就會被黏上「小氣鬼」貼紙，這張貼紙真是不討喜。

　　試問，你可願意把你一半的財產分給你的伴侶或手足？我相信有九成以上的人都跟我一樣是「小氣鬼」。對三、四歲的孩子來說，玩具就是他們唯一的財產，怎麼可能輕易分給其他人呢？我試圖用這樣的角度，撕下「小氣鬼」的貼紙。

　　從你眼裡看出去的世界，是什麼樣的風景呢？從你眼裡看到的孩子，是什麼樣的孩子呢？假若你有雙陰陽眼，那孩子就可能變成小氣鬼、愛哭鬼、懶惰鬼……，就是專門來糾纏你的！

放棄「陰陽眼」的超能力，
找回「真實」的視力

我們再回到蒂蒂與彤彤爭奪玩具的故事。

後來，當彤彤又「不問自取」時，我立即出聲阻止說：「這是蒂蒂的玩具，你不可以直接拿哦！請還給她。」

彤彤心不甘、情不願地將玩具還給蒂蒂後，我再接著說：「不過，你可以問她說：『請問你的玩具可以借我玩嗎？』」

彤彤重述了一次，但蒂蒂反而更用力抱緊玩具，並簡短有力地回：「不行！」

於是，我轉頭向彤彤解釋說：「好，因為玩具是蒂蒂的，如果她不同意，那就不可以拿去玩哦！」

彤彤垂頭喪氣地轉身離開，但才不到一分鐘的時間，蒂蒂突然拿著玩具跑向彤彤說：「這個分享給你玩！」於是這對姐妹花又玩在一起了。

當孩子被「強迫分享」時，這是一種透過自我犧牲來討父母歡心的悲劇，而不是樂於分享的喜劇，這樣的方式不僅讓孩子無法體會分享的快樂，還會造成心靈上的匱乏感。

若我們想要孩子願意大方分享，那首先就得讓孩子獲得真正

的擁有權,滿足孩子的佔有慾之後,再藉由教導與示範的方式,讓孩子學習何謂分享。

後來,約莫過了一個禮拜,我收到一張主管寫給我的卡片,但我才讀完第一行字,女兒就以迅雷不及掩耳的速度將卡片奪走,這讓我相當生氣,我深怕卡片被她撕毀,因為這是一位我相當尊敬的主管所寫的卡片,我很想知道裡面寫了什麼。

於是,我著急地追她,甚至用怒吼的方式命令她把卡片還給我,但她卻忽然停下腳步,看著我說:「媽媽,請問你可以借我看嗎?」這句話讓我冷靜了下來,並同意把卡片借給她看。

原來,當初我送給彤彤「借玩具」的生命故事時,女兒在無形中也跟著學習模仿。

身為父母的我們,若是願意放下「陰陽眼」的超能力,撇開自己的成見,找回「真實」的視力,站在孩子的立場,觀察孩子的行為,體會孩子的感受,那我相信父母將能擁有足夠的智慧與勇氣,幫助孩子撕下社會文化賦予的貼紙,讓孩子一次又一次做出更喜歡、更美好的決定。

敘事治療的「遇」兒筆記

彈性看待社會文化的洗禮

在我們的社會文化裡，有許多單一的主流標準，例如要樂於分享、勤勞節儉、孝順乖巧……等等，家長往往奉為圭臬，並且把糾察隊的角色發揮得淋漓盡致，在孩子的行為不符合標準時，立即拍照糾舉。

黃錦敦在《生命，才是最值得去的地方》[*]書中提及，我們常常內化了主流文化的標準，使得眼光無法從問題故事[**]、情節裡離開，自然會用問題來定義一個人，如此一來，人就等於問題了。

當孩子被定義為問題兒童，那些生命裡問題不存在的時刻、那些生命裡其他美好的部分，就會被忽視，甚至無從展現出來，

---

[*] 《生命，才是最值得去的地方：敘事治療與旅行的相遇》，黃錦敦著，張老師文化，2014。

[**] 敘事治療裡有兩種故事類型，其一是「問題故事」，指的是那些不符合主流文化標準，而認為有問題的行為、想法或個性所給出來的故事；另一是「偏好故事」，指的是基於個人獨特的在地性文化裡的觀點與智慧，或是自己比較偏好的理解或自我認同所給出來的故事。

不覺得這樣真的很可惜嗎？

　　這個世界是右撇子的天下，如果你是右撇子，大概沒什麼特別的感覺，但我天生就是個左撇子，成長過程中倒是遇到不少的阻礙，例如：當我使用左手拿剪刀，剪下去時，經常發現剪不斷；或者每次去吃到自助式餐廳，夾子放置的方向都是方便右撇子拿取的，我的左手總是要換個角度，才能適應右撇子的世界。

　　小時候，母親發現我是左撇子時，她強迫我在寫字和吃飯時得使用右手，但在母親看不見的地方，我還是偷偷使用著左手，強迫更改慣用手與偷偷使用左手的經驗，讓我有好長一段時間總是左右不分。不瞞您說，到現在我偶爾還是會出現左右不分的窘境。

　　如果，我們強迫孩子去符合社會文化的主流價值，孩子就容易迷失在社會與自己之間，認為真實的自己是有問題的，必須藏起來，只能去表現出那符合社會期待但並不真實的自己。

　　社會主流文化如水，能載舟亦能覆舟，有些文化對我們而言就像是「順水推舟」般的自在，但當我們被沉重的文化淹沒時，連呼吸都覺得困難，無法好好活下去。

　　願在陪伴孩子成長的歲月裡，父母都能夠彈性看待社會文化的洗禮，陪伴孩子成為真真實實的人。

07 接納心：擁抱自己與孩子的羞愧感

　　一歲多的蕎蕎正在牙牙學語階段，每次都能大聲說出自己想講的字詞，只是大象念成「大都」，上班說成「阿班」，玉米則是變「阿米」。起初她受到許多人的稱讚，但才過不久，她就逐漸接收到大家的指正，甚至是責備與否定。

　　長輩不耐煩地對她說：「真憨慢，都跟你講幾百遍了，是大象，不是大『都』。」

　　我不禁感嘆，小時候的我們不怕講錯中文，但長大後卻很害怕英文發音不標準，甚至因不敢說而學不好，也許就是那來自於四面八方的「羞辱」，削弱了我們與生俱來的勇氣，使我們恐懼表達，也害怕犯錯。

　　身為創傷療癒大師的查爾斯醫學博士，他在《跟心裡的傷痛告別》*書裡提到，在教養的過程中，羞愧就是扼殺內在小孩發展的主要兇手。他指出家庭中經常有負面訊息，如：「你這樣真

---

*　《跟心裡的傷痛告別：創傷療癒大師教你如何修復失衡的人生》，查爾斯 · 惠特菲爾德著，遠流，2019。

丟臉」、「都這麼大了，不准哭」，會使孩子對自己的不完美感
到更加不自在與不舒服。

當父母經常使用負面訊息時，容易讓孩子害怕表達真實的自
己，最後孩子的內心會築起一道高牆，來保護真實的自己不受傷
害。然而，那道牆會使他難以與人建立關係，也使他與自己的關
係越來越陌生。

但若孩子的羞愧是自然產生的，父母可以藉此機會協助孩
子接納自己的不足，歡迎羞愧感的來臨，引導孩子調整自己的行
為，選擇一條自己想走的路，為自己的人生添上更多的美好。

羞辱不會讓孩子變好，
只是讓父母自我感覺良好

我想，我算是蠻幸運的。從小，在我的家庭中，我的父母都
是很溫和的人，大部分的言語都是比較正向或非「羞辱式」語言，
因此無論是「被羞辱」或「羞辱別人」對我來說都是相當陌生的。

但隨著年齡的增長，出社會工作之後，我才有機會見識到，
原來「羞辱別人」是這個樣子，也體會到「被羞辱」有多麼不堪。

這麼多年來，我一直在思考的是：「為何我們會去羞辱別人呢？」

從我的工作經驗中觀察到的是，當我們感到羞愧時，自己

就會變得無力和脆弱，但透過羞辱他人的方式，去指出他人的錯誤，不僅能貶低對方的價值，還能讓自己充滿力量。

史蒂芬·康拉德·尼德維賽爾是心理創傷治療的專家，現在於柏林行醫，他在《給覺得不夠好而討厭自己的你》[*]一書中提到，羞辱別人是一種轉移力量的嘗試，而且大多在無意識狀態下進行，讓我們從中獲得對自己有利的優勢。

他列舉了三種「羞辱別人」可能獲得的優勢：

❶ **羞辱別人可以讓我們陶醉在自我價值和尊嚴都提升的錯覺裡**

舉例來說，妻子經常嫌棄先生不會做家事、不會顧小孩，但當先生要動手嘗試時，妻子竟不願意放手，並且持續否定先生說：「這你不會啦！我來！」藉由羞辱別人，來彰顯自己。

❷ **羞辱別人隱含著對方願意承認不如我們的可能性**

如婆媳關係的權力鬥爭裡，雙方都希望自己表現得比對方好，來證明自己是厲害的、有價值的，但可惜的是，我們往往習慣透過貶低對方，來凸顯自己比對方好。

例如當媳婦成為新手媽媽，婆婆對媳婦照顧新生兒的方式，

---

[*] 《給覺得不夠好而討厭自己的你：擺脫羞愧，卸下防衛，停止自我懲罰的 82 個練習》，史蒂芬·康拉德·尼德維賽爾著，時報，2021。

總是看不慣並喜歡批評，婆婆可能會對媳婦說：「你怎麼這麼笨？不是這樣抱啦！這樣不對，比我兒子還不會抱小孩！」藉此貶低媳婦的能力，以彰顯自己的能力。

媳婦也可能私下向先生責備婆婆的不是，如泡奶的方式錯誤、育兒觀念過於傳統老舊⋯⋯等等，藉此重拾自己被羞辱剝奪的力量。

❸ 羞辱別人可以讓我們避免內省所帶來的痛苦

舉例來說，當家裡經濟吃緊時，妻子羞辱先生能力不足、賺得太少，這其實是將賺錢的責任全推給對方，好避免反省自己也要開源節流的必要性；或者是孩子把碗打破時，父母透過責罵孩子，就可以逃避自己應該要將易碎的碗收起的責任。

羞辱是一條不斷繁殖的毒蟲，在成長過程中若我們不斷慘遭父母的羞辱，長大後的我們，為了逃避毒蟲帶來的痛苦，只能把毒蟲丟在孩子身上，好讓自己感覺好一點。

然而，羞辱別人是一種攻擊方式，它不會讓關係變好，也不會讓對方變好，只會讓對方覺得自己不好；同時，羞辱別人也是一種自欺欺人的方式，它不會讓自己變好，這只是透過貶抑他人，讓自己活在自我感覺良好的假象裡。

負面語言、取笑和責備，
都可能是在羞辱孩子

羞辱他人的方式有很多種，我們一起試著回想，自己是否曾經透過以下的方式對待孩子呢？或者，我們想想自己的父母，是否也曾這樣對待自己呢？

❶ 用「負面語言」使人羞愧

試想，你的父母經常用負面的角度來解讀你嗎？或者，身為父母的你，經常採取負面的角度來解讀孩子的行為嗎？

當孩子自己拿湯匙吃飯，卻吃得亂七八糟時，便斥責孩子說：「吼～你真沒用，吃得那麼亂。」這就是使用負面的語言，來解釋孩子的行為結果。

小時候的你，也許曾向父母訴說自己的夢想，他們卻回：「你一定沒辦法做好這件事情的，你根本沒有那個能力，別做夢了。」用負面語言否定你的能力，澆熄你的熱情。

若父母經常使用負面語言來數落孩子，這會對孩子的自我認同造成負面的影響，認為自己很差、沒用、糟糕……等等。若我們也經常使用負面語言來數落其他照顧者，指責他的錯誤，羞辱他一無是處，這會使關係變得難以合作，也會讓對方越來越不想「有用」。

❷ 用「取笑」使人羞愧

試想，你的父母經常開你的玩笑嗎？還是身為父母的你，經常開孩子的玩笑呢？

有些父母親喜歡嘲笑孩子，以為這樣有趣好玩，但這可能為孩子帶來極大的羞愧感，比如孩子不敢一個人回房間拿玩具，父母便笑說：「哈哈，沒用的膽小鬼，這有什麼好怕的。」

嘲笑孩子自然產生的恐懼，讓孩子產生無地自容的羞愧感，孩子會選擇隱藏真實的自己，久而久之連自己也難以接納真實的自己。

❸ 用「責備」使人羞愧

試想，你常受到父母的批評嗎？還是身為父母的你，經常責備自己的孩子呢

當父母看不慣孩子時，特別容易批評孩子的表現，甚至責怪孩子說：「就是你的出生，毀了我的人生，讓我沒辦法做自己想做的事情！」父母把無法活出自己的責任丟包給孩子，對孩子來說，他的存在被父母全盤否定，不僅毫無價值，還會帶給父母困擾，這使孩子對自己的存在感到無比羞愧。

身為父母的我們，可以檢視原生父母使用語言的方式，是否

經常透過負面言語、取笑和責備的方式來羞辱我們，讓他們得以活在「比較有用」的幻象裡，而我們自身是否也為了獲得力量，一而再、再而三的複製羞辱式語言，對待自己的孩子呢？

　　同時，身為父母的你，也可以檢視伴侶或其他照顧者所使用的語言，若是對你採取羞辱式語言、取笑你、責備你，先別急著站上受害者的位置。你沒有不好，你也沒有問題，更不是你的錯，無須感到羞愧或無地自容，他們只是沒辦法面對自己內在的痛苦，轉而把痛苦投射在你的身上而已。

善用「羞愧」，
從毒蟲變成可愛的蝴蝶

　　「我不敢上台報告，我怕講不好會丟臉。」

　　「我不敢在討論時分享我的想法，我怕自己說不好，這很難堪。」

　　「我不敢表達自己的負面情緒，我擔心別人怎麼看我。」

　　你也有類似的經驗嗎？

　　我的工作場所是在大學場域，有不少學生因為這些問題前來申請個別諮商，我問他們究竟在怕什麼或擔心什麼？大部分的人會回答我：「怕丟臉，怕難堪。」

　　當我再進一步詢問，若丟臉，會有什麼恐怖的下場嗎？若是

難堪，會有什麼可怕的後果發生嗎？通常，他們都會說：「不知道，就是覺得很丟臉！」可想而知，單是羞愧感，就夠讓人難受了！

　　其實，有時的羞愧是自然產生的，我們越是逃避，就越難以活出自己的人生。

　　當我們抗拒羞愧時，羞愧會變成一條可怕的毒蟲，不斷侵蝕我們的心靈；但當我們能夠接納自己的羞愧時，它就會變成一隻「可愛」的蝴蝶，點綴我們的生命。

　　史蒂芬·康拉德·尼德維賽爾在《給覺得不夠好而討厭自己的你》書中寫道，羞愧有以下六個作用：

❶ 羞愧可以抑制痛苦

　　當我們渴望一段關係卻求而不得時，羞愧是一種放棄的生理機制，讓我們選擇轉身離開，結束這段讓自己感到痛苦的關係。

　　例如，當我們告白失敗而感到羞愧時，會試圖避免與對方再相見，來克制自己的痛苦情緒；或者是媳婦向婆婆送禮示好，卻反被婆婆嫌棄禮物時，媳婦會感到羞愧，不願再次送禮。

❷ 羞愧可以抑制過度亢奮

　　當我們注視他人時，這樣的目光會增強自己的亢奮狀態，而羞愧具有保護的作用，它能幫助我們將目光從他人身上移除。

例如，當我們注視著自己心目中的情人或偶像時，心情會越來越亢奮，但當對方留意到我們的關注，而把目光放到我們身上，我們會感到羞愧，並且儘快移除目光。

❸ 羞愧可以抑制行動

羞愧是天然的「煞車器」，可以終止我們所有的行動。例如，父母行房時，孩子突然闖進臥房裡，父母會暫停當下的性行為；或者是，原本孩子很自在地唱歌玩耍，但當他發現你一直盯著他時，孩子可能感到害羞，並且停止歌唱。

❹ 羞愧可以調整社群歸屬感

羞愧是人類社會化的「訓練方案」，可以讓人學會什麼是對自己和群體適當的言行舉止，避免因不得體的言行而出糗。

例如，當你在安靜的餐廳用餐時，服務員走來告訴你，孩子的尖叫聲已干擾到其他客人，此時你會感到羞愧，並且要求孩子安靜；或者是，當你穿了一套休閒的衣褲來到婚禮場合，驚見他人隆重的穿著，你會感到羞愧，後悔沒有好好打扮自己。

❺ 羞愧可以抑制攻擊性

羞愧在愛與攻擊之間來回擺盪，扮演「調解者」的角色。

例如，孩子當眾大哭，引來路人的注意，你原本想出手打孩子，但又擔心其他路人的評價，於是克制住自己的攻擊行為。

❻ 羞愧可以建立人我之間的界線

如果我們能成功調節羞愧的情緒，便能知道該如何與人建立適當的界線。

例如，當我們對孩子發怒後，自己會感到羞愧，並且試圖向孩子道歉，希望能修復關係；或者先生意識到自己總是忙於工作，疏於照顧孩子與陪伴妻子，他感到羞愧與虧欠，最後決定調整工作的時間。

在陪伴孩子時，若父母使用「羞辱式」語言，易使孩子產生負面的自我認同，認為自己是糟糕的、無用的，但若孩子的羞愧是自然產生的，父母可以藉此機會協助孩子接納自己的羞愧感，並且引導孩子調整自己的行為，走一條自己喜歡走的路

接納真實的自己，
即使不完美

習慣選擇「羞辱式」語言的父母，童年可能存在不少被羞辱的經驗，所以負面語言、責備與取笑早已是隨手可得的素材，這些話通常是不自覺說出口的，目的不是用來傷害孩子，只是想要讓自己好過些。

父母要如何避免在不自覺間羞辱到他人或孩子呢？

　　我認為，首要的任務，是得療癒過去因羞辱而受重傷的自己，接納自己的限制與不足，重新學會愛自己，才能好好愛孩子。

　　在我就讀心理諮商研究所時，由於我長期罹患乾癬症，當時為了控制病情，我選擇限制飲食，並向親朋好友宣告：「我要開始健康飲食。」

　　在大部分的人面前，我堅定地拒絕親朋好友送上的美食，也婉拒一次次的周末聚餐。但私底下的我，卻常按捺不住口腹之慾，偷吃加工食品、偷喝飲料，每次破戒時，羞愧感就會來敲門。

　　有次，我和閨密站在速食店櫃檯前點餐，我對她說：「我們可以買回去吃嗎？」我宛若偷雞摸狗的竊犯，窺視門外是否有熟人，我擔心被其他朋友發現，所以才提議外帶。

　　她納悶地問：「在這裡吃就好了啊！為什麼要買回去製造垃圾？」

　　我一邊東張西望，一邊回她：「可是……我好害怕被其他認識的人發現，我竟然在吃這麼不健康的食物。」我對於自己當下的行為感到無比羞愧，不願讓人發現。

　　後來，我的閨密堅持在店內享用，他一邊張開大口咀嚼著香嫩雞肉，一邊以油亮的嘴唇唸道：「就跟他們說，都是我在吃的，

不就好了。」我吞下差點溢出的口水，懷抱些許不安，手拿炸雞，確認四方無熟識的人，才敢咬下第一口。

布芮尼・布朗博士在《不完美的禮物》[*]一書中提到，從多年的研究中，整理歸納出羞愧感的定義是：「相信自己有缺憾，並因此不值得愛與歸屬的強烈痛苦感受或經驗。」

也就是說，羞愧讓我們害怕別人一旦知道自己的真實面貌，就會討厭或不喜歡自己，我們只好藉由各種方法來隱藏真實的自己，來討好取悅他人，以獲得別人的愛。但也有可能走上另一條路，選擇攻擊或羞辱別人，以維護自己存在的價值。

回首過往，無法接納自己的限制所帶來的羞愧感，的確為我帶來許多負面的影響，如我在童年時罹患乾癬症，因病剃去頭髮，我不敢以真面目示人，一整個學期都戴著假髮行動，難以和同學建立信任且真實的關係，總有道隱形的牆擋住我們之間的情感交流。

後來，直到研究所時期，我在自我敘說論文的書寫歷程中，逐漸接受了生病的事實，也接納自己的限制與不完美，練習覺知與表達真實的情感，我漸漸從自我羞愧的泥淖中爬出，如同布芮

---

[*]　《不完美的禮物：放下「應該」的你，擁抱真實的自己》，布芮尼・布朗著，心靈工坊，2013。

尼‧布朗博士提到的：「人都有能力發展出羞愧的復原力。」

當我們能夠發展出具建設性的行為，穿越羞愧感的泥沼，選擇同時保有自己的價值與真實，我們就能在自己的生命裡，一步步培養更多的勇氣與仁慈，用真善美改寫自己的生命故事。

擁抱孩子的陰影，款待孩子的羞愧感

孩子需要的是，父母陪伴他一起接納生命的陰影，而非不斷打擊他的不完美；孩子需要的是，父母見證他成長茁壯的陽光時刻，而非指責他所犯的錯誤。

《弟弟追著恐龍跑》是部適合親子共同觀賞的生命教育影片。劇中的男主角杰克，因弟弟喬歐罹患唐氏症，令他在同學面前感到羞愧，故不願向心儀的女生承認自己有弟弟。

接著，杰克的謊言被人拆穿時，他竟謊稱弟弟已死，還接二連三為當初的謊言再撒下新的謊言，最後連他唯一的好友也看不慣他的做法，與他漸行漸遠。

雖然杰克的行為有令人不齒的部分，但我們捫心自問，若你是杰克，真能無視羞愧感，坦承自己有位身心障礙的手足嗎？

接下來，杰克為了圓謊，不惜駭入弟弟的網路帳號，刪除所有與自己有關的影片並嫁禍給納粹，讓家人打消尋找真兇的念

頭，不料卻引來報紙大肆報導及群眾不滿。

直到眾人在街頭靜坐抗議時，杰克才意識到事態一發不可收拾，最後他選擇鼓起勇氣站在街頭抗議的講台上，坦承自己犯下的過錯，當他說：「其實刪除影片的不是納粹，是我自己」時，他彷彿擺脫了羞愧感，終於得以呈現真實的自己。

當眾人知道並非納粹在欺壓身心障礙人士，紛紛悻悻然離去，而杰克的家人也帶著失望離開，獨留杰克一人站在講台上。

如果，你是杰克的父母，會選擇怒罵杰克，讓他羞愧到五體投地，還是選擇原諒他，並擁抱他坦承犯錯的真心呢？無論是哪種方式，我想你的初衷都是期望杰克能擺脫羞愧的限制與束縛，與人發展更加真實友善的互動。

後來，杰克的父親駕車載全家人到某一個停車場，這是每次進行家庭會議的地點，也是父母初次相遇的地方。

在談話的過程中，父母用溫和而堅定的口氣，試圖理解與傾聽杰克撒謊的動機與原因，並告訴他做錯了什麼，但沒有多餘的指責與羞辱。

當杰克訴說出心裡真正的恐懼時，父親給了他一個溫暖的擁抱，並對他說：「歡迎來到，大人的世界。」這舉動療癒了杰克受傷的心靈，也見證了他的成長與改變。

我想這樣的處理方式，被譽為創傷療癒大師的查爾斯博士也會相當認同。因為他從上千萬名復原個案中，歸納出一套有效的辦法，在《跟心裡的傷痛告別》書中指出，向信任的人分享自己的內在，當對方願意傾聽與接納，並認可我們的困境、分擔我們的羞愧時，療癒就此產生。

　　所以，在陪伴孩子的過程中，當孩子做錯事而產生羞愧感時，請父母別再給予孩子過多的指責、取笑或負面言語來強化羞愧感。父母可以選擇傾聽孩子的心聲，理解孩子的想法，陪伴孩子一起擁抱生命的陰影，迎向成長的陽光時刻。

敘事治療的「遇」兒筆記

接納生命的限制，開創生命的獨特

　　敘事治療的助人者非常尊重個人的獨特性，我們不會將主流文化的框架套用在來談者身上，我們會選擇暫放自己的價值與認知，進入來談者的生命脈絡裡，去理解來談者如何面對生命的限制，開創生命的獨特之美。

　　身為父母的我們，常將主流的發展標準，硬生生地框在孩子身上，三個月要學會翻身，一歲要學會走路、學會說話，一歲半

要能夠戒尿布，如果孩子無法順利學會，就會評價為「不好」或「太慢」，並以此來否定孩子或自己。

然而，兒童的發展標準只是參考依據，幫助我們確認孩子是否需要額外的協助，但這並非是用來評價孩子成長的表現，也不是評判自己育兒能力的絕對標準。

縱使，地球有七十幾億人口，也無人能夠完全符合社會文化的標準，更何況不同的種族或社會，也都有不同的標準存在呢！

我認為，當人一旦接納自己的不同，獨特就出現了；當人一旦看見自己的限制，成長的機會就出現了。

我的妹妹曾對我說：「姊，那是因為你有乾癬，所以才有靈感可以寫這麼多的文章！」對啊！生病固然痛苦，但不可否認的是，生病是我的獨特之處，而它開啟了我的寫作之旅。

在陪伴孩子成長的過程中，當我發現孩子的不同時，我不會選擇排除異己，我會選擇接納，並找到專屬於他的獨特之美；當我看見孩子的限制時，我不會選擇責備或取笑，我會陪伴孩子一起越過羞愧感的泥淖。

我深深相信著，一個人要有陰影，才能活得真實；我也相信一個人要有陰影，才能活得立體；我更相信一個人要有陰影，才能活在陽光下揮灑生命的汗水。

正念心：
和孩子一起體驗
生命的流動

　　有時我們的會思緒穿梭到過去，為過去的往事感到悲傷痛苦；有時我們的思緒穿梭到未來，為將來的未知感到焦慮不安，那思緒就像在進行一場時空旅行，在過去與未來之間穿梭，當我們必須專注在當下時，就得不斷調整「時差」，這過程會使我們感到身心俱疲。

　　你知道什麼是「正念」嗎？「正」指的不是正向積極，是「正在、當下」的意思；而「念」拆成上下來看就是「今天的心」。正念教導我們的是，如實地成為一介凡夫俗子，活在當下、體驗生活。

　　「正念療法」的創始者是喬·卡巴金博士，他和妻子麥拉將正念融入父母之道，共同書寫了《正念父母心，享受每天的幸福》*一書，他們認為正念可以幫助父母更深入理解孩子與自己，

---

*　《正念父母心，享受每天的幸福》，麥拉·卡巴金、喬·卡巴金著，心靈工坊，2013。

因為正念能夠幫助父母穿透表象的行為，看清楚孩子的真實面目，並在父母所看到的基礎上，轉化為智慧和慈悲的行動。

我除了在諮商室裡採取「正念療法」外，我也會在生活中做正念的練習，有了女兒之後，我意識到家庭就是「正念」的修道場，任何時機都是使用的好時機，能幫助我們減少內在的抗拒與衝突，保持接納的溫和態度，從容面對孩子的突發狀況，而我也發現孩子是最天然的「正念者」，他們專注在當下的程度無人可敵。

當父母能專注地活在此時此刻，不再抗拒童年隱隱作痛的舊傷，也不再試圖掌控未知的未來，而是試著與孩子的當下同在，滋養彼此的情感，結出生命樹的智慧之果。

孩子身上有個「說關就關」的情緒按鈕

年紀越小的孩子，就越容易前一秒還在為玩具壞掉而大哭，但下一秒獲得新玩具時，立馬破涕為笑。有人就給孩子貼上「情緒化」的標籤，不過我並不這麼認為，這其實是「正念」的表現，孩子通常是依據當下的事件，直接流露情感，很少為了過去事件而持續憂傷，或是為了未來而焦慮不安。

我曾在聯合報的家庭版上，分享我與女兒的故事，篇名是

〈關閉負面情緒的電源〉，擷取部分內容如下：

這天，一向喜歡什麼事情都自己來的女兒，試圖自己穿褲子，但左褲管還被左腳踩在地上，她就想拉起褲頭，褲頭當然卡在屁股上，拉不起來。她轉頭向我求救：「媽媽，幫我。」我見狀，便屈身拉起女兒未穿好的左褲管，但她竟再次用力將左褲管下拉回腳底。

此舉令我憤怒，我不願再幫她穿褲子，但她仍堅持要我來幫她，我怒氣沖沖地丟下一句：「我不會啦！」便撒手不管。接著，她開始在旁大哭大鬧，執意要我幫她拉好褲頭，我的憤怒值也因哭鬧聲的加持而急速上升，怒火中燒的我無法冷靜下來與她互動。

好在，家中還有位潤滑劑先生，正悠哉地在頂樓曬衣服，女兒便轉頭跑去找父親，求他幫忙穿好褲子。穿好褲子後，女兒開心下樓告訴我：「媽媽！我褲子穿好了，走，我們來一起玩。」彷彿剛剛的爭執從未發生，還在氣頭上的我，感到十分錯愕與羞愧，如今，我才發現原來需要學習情緒管理的人，不只是女兒，還有我。

我從女兒身上，看見活在當下的力量，當問題解決後，立即關閉負面情緒的電源，不再為負面情緒持續發送電力。

做人，也可以練習如此，過去已經發生的事情，或是已經解決的問題，沒有必要繼續讓負面情緒發出刺目的光芒，不但傷人，也傷己。

其實，孩子身上都有個「說關就關」的情緒按鈕，可以迅速切換。他們比大人都還有能力活在當下，因為他們的心思單純且毫無旁騖，能專心活在當下，情緒也來自於當下。

在講求效率的社會薰陶下，我們的大腦得開啟「多重視窗」，才能在短時間內回應不同的事情。在工作時，我們一邊吃著早餐，一邊收信，一邊又滑著手機看新聞，我們誤以為這樣比較有效率，但其實只是不斷在消耗大腦的能量；在育兒時，我們一邊陪著孩子，一邊滑著手機，但腦袋裡想著是明天的代辦事項，我們誤以為自己是時間管理達人，但到頭來什麼也沒做好，只是讓時間輕易從我們的手上溜走。

我們難以活在當下，思緒不是活在過去的懊悔當中，就是活在未來的焦慮當中，但是孩子就不一樣，他們以「正念者」的姿態降世，再一次教導我們如何活在當下、如何體驗此時此刻。

從孩子身上，我們可以學習到如何讓情緒活在當下，不去刻意壓制它的威力，也無須否認它的存在，直接讓情緒自然地流露出來，情緒才不會在事過境遷之後還來糾纏著我們。

父母不超速，孩子才不失速

有天，我原定傍晚五點下班，但因工作做不完，只好多加兩個小時的班，最後晚上七點多才回到家，我心裡著急與婆婆接手照顧女兒，於是我背包一放、外套一脫，就跑去沖澡了。我沖完澡後，急著吹乾頭髮，我左手拿著吹風機快速上下來回擺動，而右手則是胡亂地左右撥動及肩長髮。

三分鐘過去，我回過神來，「噗哧」笑了一聲，我是在取笑自己的慌亂，就算我的左右手揮得比光速快，吹風機裡的風力，最強也就是如此，頭髮並不會比較快乾。

我想這麼慌亂的自己，必定也會把情緒傳染給女兒，便試著讓自己的心靜下來、動作慢下來，試著調整好自己的心態，用優雅的姿態來面對晚上的親子時光。

在成為母親之前，我是大名鼎鼎的「慢郎中」，做什麼事情都喜歡慢慢來，尤其是吃飯特別慢，但有了孩子之後的頭幾年，我變成「急驚風」，不是趕著餵奶，就是趕著哄孩子，吃飯變成兩三口就能解決的事。

三年下來，我活得越來越快，心也越來越急，希望給孩子最即時的服務，但不知不覺間也要求孩子加速行駛，我常對她說：

「你給我快一點！」、「不要再拖了！」、「你最好現在就給我
吹頭髮！」

　　漸漸地，我覺察到當我越是要求女兒加速，她就越容易失
速，她會因為我的催促而感到壓力，經常「吃緊弄破碗」使得我
更加困擾。最後，她竟然反過來催促我說：「你給我快一點！我
現在就要出門。」

　　你是否也整天都在要求孩子快一點呢？快一點吃飯、快一點
穿衣服、快一點洗澡、快一點穿鞋子、快一點收玩具。久而久之，
你是否也跟我一樣，察覺到孩子也跟你一樣耐不住性子，叫你快
點帶他出門，叫你快點泡奶給他喝，叫你快點陪他玩玩具。

　　當父母超速行駛，孩子的生活也跟著失速，全家人急著趕赴
下個景點打卡拍照，不僅無法單純享受美好的親子旅程，還會讓
我們忽略了當下獨一無二的美景。

　　當孩子再度吃飯慢吞吞、洗澡拖拖拉拉，而你忍不住想對孩
子說：「快一點」之前，請你先深呼吸，張大雙眼好好看看孩子，
他現在正在觀賞的風景是什麼？也許，他在欣賞米飯的光澤，或
是在研究水的流動。

　　對我來說，正念就是做當下最重要的事情，在陪伴孩子的
過程中，父母從容陪伴孩子體驗當下，遠比趕赴下一個景點還重

要。當我們身在哪裡，心就在那裡，好好體驗此情此景，父母的心不超速，孩子的人生就不失速。

自發性的歸零，
重回育兒最初的感動

當蒂蒂第一次獨自坐上馬桶，斷斷續續發出低沉的「嗯……」和喘氣聲時，偷偷躲在門外的我，感動地眼眶泛淚。以前，她需要包裹著尿布，如今三歲之後的她已經可以自己坐在馬桶上大號了，這是多麼了不起的成就啊！

在精神分析的觀點裡，有句話是這麼說的：「大便是孩子送給父母最好的禮物。」為什麼這麼說呢？當孩子還不會表達不舒服時，我們可以從大便的顏色和形狀，了解孩子的健康狀況。若是你的孩子曾經便秘過，那你可能比自己便秘還苦惱，甚至苦惱到你願意出手幫孩子挖除剛好卡在肛門的糞便。

因此，當孩子可以自己順暢排便時，我的內心充滿著感動，當母親就是這麼容易滿足。我想起自己幾年前曾在聯合報家庭版分享的故事，篇名是〈女兒讓我人生歸零〉，節錄片段如下：

有天下班，我一如既往地陪伴十個月大的女兒玩耍。我發現她的袖子太長，阻礙到手指的抓握，於是我將袖口反摺，露出可

愛的迷你小手後，再放她回去玩。

　　說是「陪伴」，但工作八小時後早已身心俱疲，因此在陪伴女兒的過程中，我打了無數次大大的呵欠，也無數次幾乎要跌進睡眠裡，呈現呆滯的狀態。

　　原本在遊戲過程中，難免會聽見女兒的尖叫或發出各種奇怪的聲音，但這次卻意外的安靜。我用微弱的餘力撐起沉重的眼皮，瞇著眼看她究竟在忙些什麼。

　　只見女兒非常專注且安靜地坐在床上，玩著袖口脫落的縫線，一下拉扯、一下舔咬，雙手還不時地上下左右揮動，大概所有可以玩的方法都被她試過一遍後，就又重新再玩一次，我都數不清重複了幾遍。

　　天啊！為什麼這麼簡單的東西，可以玩得這麼專注且快樂？

　　我見證了女兒的成長，她就像一張白紙，所有人、事、物對她來說都是「新的」，各種紙盒、塑膠袋、紙張……每一樣對我們來說再平凡不過且用完即丟的東西，在她身上卻彷彿重獲新生，搖身一變成為稀世珍寶，值得她用盡所有的感官，包括聽覺、視覺、嗅覺、味覺與觸覺，細細品味。

　　在這一次陪伴的過程中，我的人生也彷彿重獲新生，女兒教我再一次用盡所有感官來認識世界，體驗人生。

當育兒感到無趣時，人生索然無味時，或許我們可以自發性地歸零，將舊的歲月埋葬，展開宛若新生的體驗，細細咀嚼人生的酸甜苦辣吧！

孩子的每個第一次是多麼激勵人心，第一次笑出聲音、第一次叫爸爸媽媽、第一次翻身、第一次爬行、第一次站立、第一次走路……，身為父母的我們激動無比，並且在旁為他加油喝采。

但然後呢？久而久之，我們都忘記這種感動了，孩子發出聲音被我們視為吵鬧，行動自如被我們視為調皮搗蛋。在孩子成為青少年之後，我們更把這一切視為理所當然。

正念提醒我們活在當下，也建議我們主動把自己歸零，把熟悉的行為陌生化，重新體驗最初與孩子相遇時的感動。

遠離「挑錯」文化，
欣賞孩子的獨特

當我們帶著預設立場去解讀正在發生的事情，就像是戴著有色的眼鏡窺探世界，而正念鼓勵我們取下有色眼鏡，關閉社會主流的聲音，去體驗生命的每一刻。

當孩子出現非預期的行為時，有些父母會直接認定孩子就是來找麻煩，便對孩子發怒；但有些父母則認為孩子的行為很有趣，

因此以笑待之。面對同樣的行為，不同的父母有不同的理解，全歸因於父母戴著什麼樣的眼鏡去看待孩子。

蒂蒂約莫一歲多時，很愛挖鼻孔，家中長輩特別討厭她挖鼻孔的壞習慣，有次長輩抓到她的右手食指正在挖鼻孔，於是怒吼：「叫你不要再挖，你還挖！真是髒鬼！」

當時，女兒竟然做了我完全意料不到的事情，她轉過身來向著我，給我一抹微笑後，左右手均比出食指，分別同時插進左右鼻孔裡，此舉逗樂了我，真是有夠鬼靈精怪的孩子啊！

然而，女兒的行為被眼尖的長輩見著，以為她就是故意「挑釁」，於是用更強硬的口氣，命令她不准再挖鼻孔。

在陪伴孩子的過程中，父母都希望孩子能夠走向正途，因此會針對孩子的所有行為下足判斷，一有錯就立即糾正，但這容易引發孩子的抗拒，使父母誤以為孩子是故意來「下戰書」的。

例如，當父母見到孩子衣服沒紮好，露出了一角，就直說：「你衣服又沒穿好了啦！」這可能招惹憤怒來敲門，使孩子氣得把衣服弄得更亂。

這種「挑錯文化」行之有年，不僅是長輩，就連我們的親朋好友都很擅長挑出別人的錯誤，而這些都是依據社會單一的主流文化標準來判斷是非對錯，就像是女生就應該要乖巧可愛，男生

就應該要勇敢堅強。

然而，我們沒有任何一個人都能夠滿足所有主流文化的標準，而且那也不是自己最真實的樣子，不是自己真實的樣子被喜歡、被愛、被接納，人就很難愛上真實的自己，也無法感受到人生的美好。

辨識主流文化枷鎖，
尋找自己喜歡走的父母之路

試想，當你的孩子在外大吵大鬧時，你的壓力有多大？當你的孩子堅持衣衫不整出門，你會感到多丟臉？這社會都期待父母親能夠更有智慧且溫和的對待孩子，但當你暫時無法做到時會有多挫折？

身為父母的你，是否感到這世界有好多雙眼睛，一直在盯著你看呢？

我經常閱讀某個親子專家在網路上分享的文章，通常開頭都會有個小故事，是來自於專家在公共場所的觀察，若是被專家視為不適當的互動，我心裡就會冒冷汗，擔心自己就是那位不適切的母親，最後我選擇取消追蹤那位親子專家的粉絲專頁了。

不是因為他寫得不好，而是我把問題內化了，越是批評自己

的不是，就會越容易感到挫折與無力，失去改變的動力。同樣，若我們越是批評孩子，孩子就會越失去改變的動力，並且在孩子長大成人之後，也成為習慣批評自己或批評他人的大人。

《允許犯錯的正念管教》[*] 書中寫道：「正念，根本上是一種存在的方式，以開放與感受的方式填滿我們的身體、心智，以及無時無刻的經驗。」

「正念」強調覺察，用一種接納而非抗拒的方式，去體會現在正在發生的事情。我們必須主動辨識主流文化的枷鎖，以「不評價」的態度，不否定也不貶抑孩子的行為，才能清楚地理解孩子的狀態與需求；以「不回應」的姿態，不抗拒也不試圖改變，才能清楚地洞悉自己的內在，找到那條屬於自己與孩子偏好的旅程。

父母可以試著抱持「正念」的態度去體驗家庭生活，脫離單一主流文化的束縛，找到自己喜歡駐足的景點。因為，熱門景點並不一定是自己最喜歡的，但由自己發現的私房景點，肯定是最特別的。

---

[*] 《允許犯錯的正念管教：用愛設立界限，培育出高 EQ 的孩子》，蕭娜 · 夏比洛、克里斯 · 懷特著，天下生活，2016。

敘事治療的「遇」兒筆記

用正念聆聽「在地性」的聲音

我們所處的社會環境裡，隨著時代的演進會流行不同的觀點與知識，其中被公認為是正確的、良好的，就是「主流文化」。

有時，主流文化像指南針，指引我們方向在哪裡，但有時，文化像是「程咬金」，總是在成為自己的半路上殺出來。

敘事治療認為主流文化本身沒有問題，問題在於過於單一，生活在主流文化裡的人們，當不符合主流時，容易感到無力、卑微與痛苦，無法活出真實的自己。

相對於「主流文化」，還有另一種聲音是「在地性文化」，這是屬於特定族群或某個人生命的觀點與知識，例如我選擇見證女兒用雙手手指挖鼻孔的行為，這對她而言是一種創意的發現，原來挖鼻孔還可以兩邊一起挖，即使我活到三十多歲，也從未想過可以這樣呢！

透過正念的覺察與體驗，可以幫助我們分辨哪些是「主流文化」的聲音，哪些又是「在地性文化」的聲音，尤其是當我們「體驗」到抗拒的時候，特別容易幫助我們去分辨這兩者的差異。

黃錦敦在《最想說的話，被自己聽見》*書中，指出當人因在地性與主流文化碰撞而受困時，可以讓人重新回到「主人」的位置，再次選擇自己和主流的關係，才能知曉自己想吸納哪些部分成為養分，離開哪些部分來解開束綁。

在陪伴孩子成長的過程中，我們是否也能多點心思去辨識主流與在地性文化，多多看見孩子的「在地性文化」，別用單一的標準來衡量孩子，迫使他改變與適應。**我們可以接納孩子的差異，看重孩子的獨特，不同不是問題，只是不同而已。**

在成為父母的過程中，我們是否也能多看見屬於自己的「在地性文化」，別用單一的標準來衡量自己，迫使自己改變與符合社會主流的期待，接納自己的差異，看重自己的選擇，實踐喜歡的自己。

另外，我想告訴正在閱讀這本書的你，也許這不是你的第一本教養書，你可能早就具備了很多主流文化的教養觀點與知識，你可能和我一樣，每當看到其他照顧者與孩子互動時，會感到不舒服、看不慣，甚至想出手糾正。

---

* 《最想說的話，被自己聽見：敘事實踐的十五堂課》，黃錦敦著，張老師文化，2018。

我也是這樣子的，這種感覺很難受，當我們讓自己進入「專家」的角色，高高在上地教訓他人時，這不只貶低他人的智慧與能力，也會使關係越來越緊張，彼此難以相互合作。

　　後來，我練習秉持敘事治療的精神，只要不對孩子造成嚴重的身心傷害，我會放下自己的「主流文化」，去探索對方的「在地性文化」，見證對方值得欣賞的智慧，見證對方值得敬佩的勇氣，並且鼓勵對方把這樣的美好繼續發揚光大。

見證心：
看見孩子的
努力與付出，
是最佳的良藥

當孩子出現失誤時，我最想送給他的禮物不是「指正」，而是「見證」。

還記得，蒂蒂剛滿周歲時，那段時間特別難熬，她的手指充滿了好奇心，獨愛「捏」人手臂，每當她把婆婆捏痛時，婆婆都會憤怒地喝斥她，並且定義為「問題」行為。

其實，我並不喜歡自己讓「指責」加入女兒的生命故事中，因此內心暗自決定，指責與指正的育兒作業就交給婆婆了！

而我開始思索著：「那我能做些什麼呢？」越活越反骨的我，突然有個念頭，不如我試著來召喚她的「同理心」好了！

當女兒再次捏痛我時，我大喊：「你這樣捏，媽媽好痛，就像你跌倒一樣痛痛，快點『秀秀』媽媽。」接著，我拉著她的手，撫摸我疼痛的位置。這招，竟然成功地阻止她繼續弄痛我。

後來，在某個憂鬱星期一，只記得那天我連喝口水都覺得奢侈，午餐也只是簡單扒了幾口冷飯菜，甚至還被不相干的人一連串的炮轟，一天下來身體盡是疲憊，心裡滿腹委屈。

我頂著寒風下班回家後，好不容易可以安心吃熱騰騰的飯菜。當我拿著飯碗坐在沙發上時，只見許久未見到我的女兒，著急地爬上沙發，坐上我的大腿，要我也餵她幾口飯。

　　過程中，不料她一個踉蹌，扯下了我的眼鏡，我的鼻樑因此受到強力撞擊，那可不是開玩笑的痛。累積一整天的不耐煩與委屈，正要透過一句「吼！」傾瀉而出時，女兒早已伸出小手，摸著我的臉頰，她安撫我說：「秀秀！秀秀！」

　　隨後，她再張開雙手，用小小的身軀，擁抱我的胸口，並且用她稚嫩的聲音說：「抱抱，抱抱。」

　　天啊！女兒溫暖的舉動，使我那累積了一整天的不耐煩與委屈，瞬間煙消雲散，我的心也暖了好久好久。

　　在成長的歲月當中，我們不可能完全不傷害他人，我們也不可能完全不被傷害。當孩子出現失誤時，無論是不小心傷了自己，或是誤傷了他人，除了指責與糾正之外，我還想送給孩子更為珍貴的禮物，那就是——學習如何療自己的傷、療對方的傷，見證彼此的英雄時刻。

當孩子受傷時，
要記得告訴他：「我仍然愛你」

當女兒從「爬蟲類」進化到「靈長類」時，猶如從可愛的毛毛蟲變成頑皮的猴子，到處跑跳碰，但手腳還不夠協調的她，經常跌跌撞撞弄得全身是傷，令人又氣又不捨。

平時，女兒的活動區域就在客廳裡，她會到處探險挖寶，而大人們就在旁邊看著電視，還記得那次，我、先生和婆婆坐在沙發上，專注看著電視劇《有斐》時，女主角周斐被惡徒狠狠擊中一掌，竟吭一聲都沒有，表現得非常有骨氣。

突然間，耳邊傳來女兒哇哇大哭的聲音，我們不約而同轉頭看她，驚見她的頭被卡在牆壁與兒童餐椅間，而她那飽滿且吹彈可破的蘋果肌，被夾成了紅蘋果。先生見狀，憤怒地說：「你怪誰啊，自己要在那邊玩的，這下受傷了吧！真是活該啦！」語畢後，先生便回頭看劇。

後來，女兒掙脫之後，奔向婆婆討拍。婆婆輕拍女兒的背，但嘴裡不饒人地說：「嘿咩！就叫你不要在那邊玩，還硬要玩！」此時，女兒又哭得更大聲了。

這樣的情景不只經常在我家上演，可能也經常在你家上演，

就像電視機裡反覆重播的經典電影。

　　身為旁觀者的我，能理解先生與婆婆的生氣來自於心疼，但身為當事者的孩子能夠理解嗎？我想可沒這麼容易吧！

　　試想，我們除了責罵之外，還可以提供給孩子什麼呢？在人生路上跌倒，是再正常不過的事情了，當我們受傷難過時，最渴望獲得的是什麼呢？是能遮風擋雨的避風港，是無條件支持與鼓勵著我們的家人。

　　每次當女兒跌倒受傷時，我會給予她安撫與支持，摸摸她的頭，也摸摸她疼痛的地方。透過身體的撫摸有助於止痛，這是經過科學實證研究發現的，尤其是信賴的人的撫摸。久而久之，每當她跌倒受傷時，第一時間都是來找我討拍。

　　假若，父母給予的是責罵，那當孩子逐漸長大之後，他受傷時並不會第一時間找父母求助，甚至還會害怕被父母發現，而選擇獨自承擔所有的痛苦與磨難，我想所有的父母並不樂見孩子成為只能獨活的假性孤兒。

　　因此，當孩子發生失誤時，父母可以選擇閉上嘴巴，伸出溫暖的手，撫摸他感到疼痛的地方，為他止住身體的痛；父母也可以選擇張開雙手，擁抱孩子的身體，提供更多的安全感，讓他知道父母永遠深愛他、支持他。

用擁抱找回與孩子的連結

有天早晨，原本是美好的開始，我們打算出門買美味的早餐，當蒂蒂從三樓走到一樓時，婆婆提醒我為她洗臉，但不知怎地她卻強烈反抗，甚至推開了我，無論我如何軟硬兼施，她都不願意，甚至越哭越激動。

後來，其他家人看不過去，「硬」是拿濕毛巾替她擦臉，她在掙扎的過程中，咬傷了嘴唇，嘴角流出血來，還不願讓我為她擦乾淨。

我們好不容易坐上車後，我好說歹說，她都不肯繫上安全帶。起初，我堅定地說：「繫上安全帶，就可以一起去買早餐。」然而，她似乎處在歇斯底里的狀態，不願繫上安全帶，也不願下車，堅持要出門買早餐。

此時，先生雖然安靜地坐在駕駛座，但我隱約感受到他的躁動，而女兒的哭鬧聲，也逐漸消耗我們的耐心，最後我們只好放棄美味的早餐。

但就在此時，我注意到女兒那充滿恐懼與害怕的神情、散亂的頭髮和淚流滿面的臉頰，還有那一條長到衣領的鼻涕，彷彿全世界的大人都會傷害她似的，身為母親的我看得好心疼，我不是

她的敵人啊，我可是極度深愛她的母親啊！

　　當下，我伸出雙手，心疼地對她說：「媽媽可以抱抱你嗎？」

　　但她推開了我的手，簡短有力地說：「不要！」

　　我只好尊重她的選擇，把手收回來，不過她又再說：「媽媽，我要抱抱。」我給她深深的擁抱之後，她的心情逐漸平靜了下來，自己要求繫上安全帶，好出門買早餐。

　　遠古時期的人類遇到危險時，會有三種本能的自我保護機制。第一是「戰鬥」，向對方發動攻擊，打敗對方；第二是「逃跑」，離開危險的人事物，讓自己處在安全的環境；第三是「僵住」，遇到危險時，嚇得不知如何反應，而出現的「凍結」反應。

　　我從女兒眼神裡流露的恐懼，意識到她崩潰大哭或推開等相關的舉動，其實是她感受到了威脅，這是來自於我們對她的要求、不耐煩、指責等，迫使她「應戰」，透過向大人發動攻擊，來保護自己的安全，這只是她本能的反應，並非像大人想像的那樣罪大惡極。

　　後來，我選擇了「擁抱」，想讓她知道現在是安全的，她無須再使用「戰鬥」的本能反應來保護自己的安全。

　　蓋瑞・巧門是美國婚姻與家庭生活諮詢公司的總裁，他萃取近三十年的諮商經驗，將傳達愛的方式分為五種，分別是：肯定

的語言、精心的時刻、真心的禮物、服務的行動、身體的接觸等，他統稱為「愛之語」。其中在身體的接觸上，通常年紀越小的孩子，就越需要足夠的身體接觸，如哭泣的嬰兒會因為被擁抱而停止哭泣。

父母可以透過擁抱、撫摸與親吻等身體接觸，來幫助自己順利連結到孩子的內在，滿足孩子的身心需求，提供更多的安全感。

當孩子逐漸長大之後，他可能不再需要我們的擁抱或親吻，但我們仍可以依據孩子的成長階段，提供孩子需要的身體接觸，例如：一起玩遊戲、運動或進行共同的興趣……等等。

此外，我想請各位千萬留意，無論多麼生氣，也不可以對孩子施予暴力行為，即便孩子的傷口痊癒了，但他的身心永遠會記得這道傷，未來他有可能模仿大人的暴力行為，或是長大之後對暴力有莫名的恐懼，影響深遠。

別讓孩子用一生治癒童年

在孩子成長過程中，我們都以為那些「打」出來的傷口，過段時間就能痊癒，我們也以為那些「責罵」，孩子長大之後就會淡忘，但事實上，這些會被孩子的身體記住，也會深深烙印在孩子內在深處的潛意識裡。

《以為長大就會好了》*這本書的副標是：「幸運的人用童年治癒一生，不幸的人用一生治癒童年」。

　　所謂幸運的人，是小時候的他們受傷時，父母願意試著理解孩子的痛苦，並且給予支持和鼓勵，來療癒他們的傷口，而這些帶著療傷經驗長大的孩子，很懂得如何療癒自己。

　　所謂不幸的人，是小時候的他們受傷時，父母常採取打罵教育，讓他們傷得更加嚴重，外表的傷口會隨著時間好轉，但那內心的傷口難以癒合，甚至成為內傷，越久越痛。長大後的他們，發覺過去的傷口不斷阻礙與拖累自己，只好在自己的人生當中，拚命找到治癒童年的辦法。

　　如果，你是幸運的人，那恭喜你了，你的孩子肯定也是幸運的人。如果你是不幸的人，那沒關係，就讓不幸止步，在孩子經歷挫折時，你可以試著理解孩子的痛苦，用擁抱提供支持和鼓勵，來療癒孩子心裡的傷。

---

*　《以為長大就會好了：幸運的人用童年治癒一生，不幸的人用一生治癒童年》，
金惠男、朴鐘錫著，大田，2020。

在孩子受傷時，
請張開眼睛好好看看他的努力

由於我的先生經常追劇，我也跟著接觸到各式各樣的戲劇，我喜歡觀察劇中的親子互動，其中總是有許多發人省思的地方。

我曾在女人迷的網站裡談論《女神降臨》這部韓劇，有段劇情描述女主角任朱靜因外貌而被同學排擠，後來她苦學化妝而成為校園女神，但當母親發現她考試成績不理想時，竟一怒之下將她的化妝品全數丟棄。

任朱靜發現自己的化妝品全部消失時，失控對母親怒吼：「你根本就不懂我之前被排擠的心情！」她帶著不被理解的心情，離家出走。

後來，任朱靜向李修豪訴苦，她的痛苦並非來自於被排擠，也非來自於課業成績不理想，而是母親並不理解她有多麼痛苦與努力。

李修豪溫柔地安撫她說：「做得很好，我說『你做得很好』，我知道你很努力了，名次進步了 20 名。」此刻，李修豪認可了任朱靜的努力，她身上的傷口彷彿不藥而癒了。

當你的孩子願意相信你，向你訴說他是如何受到傷害時，請

別把你的心疼化為憤怒，也別把你的不捨化為責罵，這會使孩子更加挫折，尤其是被父母親手撕裂的傷口，更難以癒合。

當孩子受傷時，我們不只要包紮身體上看得見的傷口，也要安撫孩子心裡看不見的傷口，並用「見證」孩子的努力與改變，讓這些內在資源成為滋養人生的養分。

敘事治療的「遇」兒筆記

見證孩子的英雄時刻

當屢次受到感情挫敗的來談者前來接受心理諮商時，敘事治療的助人者絕對不會在他的傷口上灑鹽，回應：「你怎麼都沒從失敗的愛情中學會成長呢？」因為這樣的話只會讓對方更加挫敗，並且大失信心。

戲劇裡最精采動人、扣人心弦的地方，並非主角永遠保持優勢，而是當主角跌落低谷後爬起來的時刻。就如同敘事治療的助人工作者，會透過聆聽來談者的故事，理解眼前這個生命是如何經歷苦難而不放棄，是如何受傷但仍舊選擇堅持下去的。

台劇《茶金》裡的薏心，帶著東方美人茶到英國參展，她向英國人解釋，東方美人茶的生長過程都得被蟲咬過，因此它天生

就是受過傷的茶，雖然難以掌握，但也因此擁有獨特味道，即使回沖十次也能回甘。

她將人生比喻成茶，輕聲說道：「茶和人一樣，傷口可以讓人脆弱，也可以使人堅強，正是傷口，讓你變得跟別人不一樣。」

我想，我們注定是得受傷的，因為必須有缺陷，必須不足，必須先在人生路途上迷失自己，才能發現那條專屬於自己的英雄之路。

同樣，在陪伴孩子長大的過程中，當孩子失敗了、受傷了，我會特別留意孩子面對困難的姿態，並且見證他的英勇。

當女兒試圖翻身卻屢次失敗時，我會肯定她的嘗試，而非嫌棄她都已經三個月了還無法成功翻身；當女兒想越級挑戰拼積木，卻因失敗而怒摔積木時，我會告訴她拼不好，真的很生氣，而她勇於嘗試的心態值得讚許。

當孩子受挫時，父母回應的順序是先去同理孩子因「結果」產生的挫折感受，再去欣賞孩子在「過程」中的英勇表現。唯有孩子的情緒被父母理解時，才有機會接收到父母的肯定言語，見證孩子的英雄事蹟。

10：成長心：讓孩子成為自己的學習專家

　　自從孩子出世後，生活往往計畫趕不上變化，我們無法按照既定的行程走，得配合孩子的出生，改變房間擺設與調整睡眠時間，或暫緩原本的職涯規劃。接著，還得發展「斜槓」的能力，有時需要拿出裁縫絕活，有時則要發揮烹飪技能，這些可能都是在成為父母之後才長出的能力，讓孩子在學校更如魚得水。

　　我在就讀教育心理與諮商研究所期間，學習到各種社會科學相關的研究法，其中有一種研究法特別有趣，叫做「行動研究」。

　　「行動研究」顧名思義就是「行動」與「研究」兩者結合，非常適合在教育現場進行，研究者在自身的教學環境當中，觀察實際需要解決的問題，並將此設為研究問題，以系統性與計畫性的行動，來進行實務的分析與探討。

　　對我來說，陪伴孩子長大的過程，就如同「行動研究」，透過時刻觀察孩子的表情與行為，敏銳覺察親子間的情感流動，找出可以調整的部分，經過一次又一次的理解與嘗試，實踐我與孩子的美好旅程。

我曾帶過一個親子教養團體，成員年齡從三十到七十歲都有，其中一位是隔代教養的阿嬤，她的分享令我十分動容，當時她真情流露地說：「現在時代已經不同了，我雖然已經七十幾歲了，但為了照顧孫子，我要來這裡成長，我要來這裡學習！」

這句話令我眼框泛紅，起了雞皮疙瘩，我佩服阿嬤終身學習的心態，也提醒了身為父母的我，需要保持著彈性，以及願意改變和成長的心，才能給予孩子適切的陪伴。

最好的成長方式，就是從嘗試開始

當孩子從嬰兒邁向幼兒時，他會開始想要學習生活的技能，例如：自己穿衣服、穿鞋、吃飯……等等。

起初，孩子一定是做不好的，這時父母常會忍不住出手援助，過程中也難免不耐煩：「你就不會啊！幹嘛硬要自己用，你不要動，我來用！」

試問，當我們這麼說的時候，孩子會如何看待自己？他會否定自己的能力，並且認為自己是個無能的孩子，甚至是會麻煩到父母的孩子。

簡・尼爾森和琳・洛特在《跟阿德勒學正向教養－青少年

篇》*中提出了兩個概念。

❶「減能」：減少孩子的能力。

　　當父母出手去做孩子自己可以做的事情時，這是阻礙孩子獲取生活經驗的行為。父母會出手的原因，通常來自於父母內在的恐懼、擔憂、罪惡感或羞恥感，不信任孩子擁有能力去面對生活的挑戰。

❷「賦能」：增加孩子的能力。

　　父母願意將自己退到孩子後面，讓孩子獲取生活中的教訓，這是孩子鍛鍊能力肌肉的機會，唯有孩子需要時，父母才提供支持與鼓勵。

　　若我們總是否定孩子的嘗試，這會使孩子喪失動力，越來越不喜歡學習。孩子必須在錯誤中學習，因為錯誤是成長的養分，也是生活經驗的累積。我們之所以能夠長到這麼大，不也是這樣一路走來的嗎？

　　還記得，我小時候特別喜歡和哥哥玩猜數字遊戲。

---

*　　《跟阿德勒學正向教養－青少年篇：溫和堅定的父母力，90 個守則，引導孩子放眼未來、邁向獨立》，簡・尼爾森、琳・洛特著，大好書屋，2017。

　　遊戲規則是由比賽雙方各訂下一組四位數的密碼，每位數字必須為 1 至 9 之間且不相同的數字，接著雙方輪流猜對方的號碼，看誰先完整猜中對方的號碼，就算贏得這場比賽。

　　被猜的那一方須與自己的密碼比對，若數字相符、位置也相符，則以 A 表示；若是數字相符但位置不相符，則以 B 表示，例如：1A2B，代表有 3 個數字相符，其中 1 個數字的位置也相符，另外 2 個數字則是位置錯誤，另外還有 1 個數字尚未猜出。

　　這個遊戲，猜的數字錯得越多，就能排除越多的數字，贏的機會就更大。所以，我在猜的時候，錯越多，我就越開心，因為我就可以用刪去法，去找到正確的數字。

　　我想，就像孩子的學習成長一樣，他錯得越多，就越有機會找到什麼才是正確的。因此，父母可以在確保孩子生命安全的情況下，多多鼓勵孩子，在嘗試中學習，在失誤中成長，讓孩子發展出自己想要的生活。

父母的建議越多，
孩子的抗議就越多

　　蓉蓉三歲時，正是我人生的職涯轉換點，我決定離開大學的專職工作，其中有一部分的原因，是我想成為自己的主人，自己

決定自己的工作內容，而非只能聽從主管的決定與指示。

後來，我待在家中的時間多了，雖然大部分的時間都是由長輩替我照顧女兒，但我意外發現家裡經常上演相同的劇情，每當婆婆給女兒善意提醒時，女兒總是強烈的反抗。

就像有次，我正準備帶蒂蒂去公園玩耍時，婆婆只是出於善意的提醒：「記得戴口罩哦！」

女兒竟然立刻翻臉不認人，整個人癱在地板上胡亂踢腳，還生氣大吼：「我不要！我不要！」

這種情況發生過很多次，只要婆婆一提醒，女兒就會用哭鬧來表達抗議，我本來還在思考問題所在，後來從朋友 R 的提問中得到解答。

我和 R 不約而同離開了原本的專職工作，成為俗稱的「行動心理師」。R 問我：「你沒有做專任後，父母會一直問你，那接下來要做什麼嗎？」

R 雖沒有與父母同住，但雙方只要一碰面，父母就會問東問西，這使他十分厭煩，並且有股深深不被父母信任的挫折感，不知不覺連他自己也懷疑起自己是否真的很沒有用。

當我決定離開專職工作時，我的母親也問過我：「這樣好嗎？能夠賺到錢嗎？」她的擔憂成為我的壓力，原本很有信心的

我，也損失了部分的信心。

我突然意識到，這不就是女兒的心情寫照嗎？

父母出自於愛及善意，給予孩子叮嚀或提醒，但對於有能力自己完成的孩子來說，父母就像個「不速之客」，打斷他原本的生活與計畫，讓孩子失去人生的主控權，而孩子為了討回主控權，只好拒絕我們的建議，即使那建議是好的，或是與他原本規劃的一樣，他也會為了抗議而抗議。

潔西卡・雷希是一名教師，她在《每一次挫折，都是成功的練習》*中，分享了她的教育經驗，她發覺「過度控制型」的父母會在孩子做家事時，給予過多「不請自來」的建議和指示，對父母來說是幫助孩子，但對孩子而言是嘮叨，不僅剝奪了孩子的主控權，也意味著對孩子能力的不信任。因此她建議，在孩子遇到麻煩時再提供指引，不然寧可嘴巴閉上。

有時，父母確實太過於心急，因為我們比孩子知道怎麼做能又快又好，想快點把事情完成，好去完成下一件事情，但這等於剝奪了孩子學習的機會。因此，請父母務必克制自己的雞婆，當

---

* 《每一次挫折，都是成功的練習：失敗是給孩子最珍貴的禮物》，潔西卡・雷希著，遠見天下文化，2016。

孩子主動提出求救時，再出手相助吧！

若是你真的按捺不住，那至少先開口詢問孩子說：「需要我的幫忙嗎？」他同意才出手。

對孩子來說，除了要學習如何自己找答案之外，也要學習如何向他人尋求幫助，這些都是很重要的學習功課。

「如何學習」比「學到了什麼」更重要

我每天習慣在早晨六點時，去附近的公園來回快走一小時。過程中，我會一邊聆聽喜歡的 Podcast 節目，記得有一天聽的是《哇賽心理學》，主持人邀請中原大學的簡志峰教授分享他的新書《解鎖未來教育》[*]。

最令我印象深刻的地方是，簡教授每個禮拜都會抽出一個晚上的時間，以遠距的方式教導自己的孩子英文。

後來，他問孩子是學校的英文課比較有趣？還是父親上的課比較有趣？孩子回答：「爸爸的比較有趣！」

---

[*]   《解鎖未來教育：直擊 13 個教育現場，解讀孩子學習問題，共創自發、互動、共好的學習環境》，簡志峰著，時報出版，2022。

　　因為簡教授在講解英文單字時，會邀請孩子透過網路找答案，而孩子需要分享自己如何查詢單字的畫面，他則在旁觀察孩子如何從網路上學習單字。也就是說，他教學的重點不只在自己「怎麼教」英文，也著重在孩子「如何學」英文。

　　簡教授在節目上說：「當給予孩子主動學習的機會時，孩子會更有意願與動力進行學習。」

　　這故事提醒著我，孩子「如何學習」比「學到了什麼」還重要，若不想扼殺孩子的學習動力，就少給孩子建議與答案，若不想扼殺孩子的學習機會，就多給孩子探索的機會，讓他持續保有對這個世界的好奇心與學習心。

　　換個熟悉的比喻來說，父母別直接給孩子魚吃，可以多給孩子釣竿與魚餌，讓孩子學習如何釣魚，自己辛苦釣到的魚才是最鮮甜美味的。

孩子，你只是還沒學會

　　當你遭遇挫折時，是否會認為自己就此完蛋了呢？還是，把這次的危機當作是學習的機會，再次起身出發呢？

　　人在面對自己的成就時，有兩種思維方式，一是「成長型思維」，認為失敗可以幫助自己成長，這類型的人比較勇於嘗試、

不害怕失敗；二是「固定型思維」，認為失敗就是最終結果，不相信可以透過學習來成長，相信自己再也沒辦法有更好的表現。前者的心理健康與成就通常優於後者，因為他們的心裡擁有成長的空間，願意不斷學習與調整。

還記得，我在國中時，導師為了鼓勵同學認真念書，依據課業成績分組，兩人一組相互競賽，月考成績低的那一方，需要支付 50 元給成績較高的那一方。

好幾個月下來，我沒有一次是獲勝的，後來導師問我：「要不要換人比？」當時的我竟然拒絕了，我認為原本的安排很好，因為很有挑戰性，而且輸並不會讓我感到無力，反而會使我越挫越勇。

回想我的童年經驗，我很慶幸自己在父親的身教之下，成為一個偏向「成長型思維」的孩子，是他讓我相信自己失敗沒什麼，也是他讓我相信可以靠著努力去追尋自己想要的夢想。

他當年以全國第五名、南投縣第一名的成績考上公務員，但是你知道嗎？他整整考了十年，對！沒錯，就是十年，你沒有看錯。父親用十年的時間教會我，失敗是個大好機會，可以自己發現不足的地方，再去補足。

然而，我在陪伴孩子的過程中，經常聽到其他長輩對孩子

說：「唉，你沒路用啦，這也做不好！」、「就跟你講不行，你就硬要用！」、「吼，這你沒辦法，我來用啦！」

每次聽到這些話時，我會感到不舒服，使用否定語言來激勵人心的腳本，我擔心孩子會聽進心坎，形成「我不好」的負面認同。

這並非長輩的問題，因為這是在華人文化裡，世代流傳的民間故事——「大人有用，小孩沒用」。

在這裡我想為孩子伸張，他們身心發展尚未成熟，的確有很多事情無法辦到，但並非永遠無法辦到，這只是「暫時」的，孩子是會隨著年紀慢慢成長，可以學得越來越多，甚至超乎我們想像得多。

如果，父母保持著「固定型思維」，容易給自己或孩子的能力找定位，那只能發展出「畫地自限」的人生故事。但若父母願意學習保持「成長型思維」，別急著幫孩子的能力找定位，打開各種成長的可能性，那孩子的將來會是無限可能。

孩子不是不會，只是還沒學會，這樣的方式可以拉出成長的空間，開啟未來無限的可能，這就是一種「成長型思維」的教養方式。

孩子，我相信你可以的

試想，當你相信自己能夠達成任務時的狀態，是不是比較有信心，並且更有能力、意願去挑戰困難呢？

再換個角度想，當你不相信自己能夠完成任務時，是不是充滿懷疑，並且萌生放棄的念頭、無力行動呢？

史丹佛大學亞伯特・班度拉教授提出的「自我效能」，是指認為自己能夠辦到的相信程度，自我效能越高的人，達成任務的信心越充足，也會反映在實際結果上，自我效能越低的人則反之。

我認為父母對孩子的相信程度，也會影響到孩子如何看待自己。也就是說，當父母相信孩子能辦到時，孩子就能夠抱持較大的信心，並且願意挑戰困難；但若父母不相信孩子能夠辦到時，孩子也會對自己失去信心，並且不願意付出行動。

安德魯・傅勒是一名在澳洲十分受歡迎的臨床心理學家，專研孩子的學習與注意力，他在《孩子，原來你這麼棒》[*]一書

---

[*] 《孩子，原來你這麼棒：點燃孩子的天賦，啟動天才腦》，安德魯・傅勒著，商周出版，2016。

中指出，若孩子抱持著「我辦不到」的心態，無論孩子多麼聰明能幹，他們也無法發揮自己的天賦，因為他們會不斷說服自己放棄嘗試，這樣的態度會使他們錯過創造美好生活的機會。

所以，當孩子想要挑戰新的事物時，我的第一個反應不會是：「你走開啦！這你不會。」這樣的話容易使孩子否定自己，並且澆熄孩子挑戰的勇氣。

我會思考哪些是可以開放給孩子挑戰的，並且採取「你可以」的句型告訴孩子，例如：「你可以試試看把襪子拿去抽屜裡放好」、「你可以試著自己扣安全帶」、「你可以試著幫我把切好的香菇放進保鮮盒裡面。」

若是我高估孩子此刻的能力，使他無法完成任務時，我還是不會選擇「你不會」的句型，請父母要牢牢記住孩子不是不會，只是還沒學會。

我可能會告訴孩子：「你現在還沒辦法學會摺衣服，等你再長大一些，我們一起多練習幾次，就能夠慢慢學會了！」這句話的背後，傳達我相信孩子可以辦到，只是暫時還沒學會。

身為父母的你，請你相信孩子，他是可以的，他能從嘗試當中學習成長，他也有能力去實踐自己想要過的生活。

敘事治療的「遇」兒筆記

讓孩子成為自己人生的專家

「自我認同」指的是自己對自己的看法與觀點，像是認為自己是一個什麼樣的人？對自己有什麼樣的評價？而這些看法與觀點，敘事治療認為是從社會文化當中，依據當事人的人際互動經驗所建構出來的。

艾莉絲・摩根是在澳洲墨爾本執業的敘事取向家族治療師，她在《說故事的魔力》提到，當兒童因為生活困境尋求協助時，他們對自己的觀感，和他們所帶來的關於自己的故事，都是在人際關係中建構和表現出來的。

孩子最初從和父母的互動經驗裡，慢慢形成自己的自我認同。白話來說，若我們總是給予孩子負面的評價與批評，那孩子就容易形成負面的自我認同；若我們總是給予孩子正面的回饋與肯定，那孩子就容易形成正面的自我認同。

換個角度來說，當父母經常介入孩子的生活時，父母的眼中只看見了孩子的辦不到，那孩子就有可能形成低自我效能；但若父母願意相信孩子，在孩子可以自己辦到的時候，放手讓孩子去做，那孩子就有機會發展較高自我效能。

敘事治療的助人者永遠相信來談者是自己生命的專家，只有自己最了解自己的問題，只有自己最知道要把問題放在什麼樣的位置，也只有自己最懂自己想去的地方。

當父母願意相信孩子，試著把成長的機會留給孩子，也把成長的功勞歸於孩子時，孩子就能寫下一篇又一篇「有能力的自己」的故事，成為自己人生的專家。在未來孩子遭遇困難時，他有足夠的能力相信自己，也有足夠的智慧，穿越狂風暴雨，平安歸來。

不只是孩子需要成長，父母也可以學習抱持「成長型思維」，一時的失誤不代表永遠的失敗，也不代表自己的能力只能到這裡，請永遠相信身為父母的我們，同樣擁有成長再成長的無限空間。

同樣，在面對其他照顧者時，我們的建議越多，對方的抗議也會越多，這對合作關係只會產生負面影響。我們可以採取敘事治療的精神，相信他們最知道自己想如何陪伴孩子，相信他們可以從嘗試中學習，可以從失誤中成長，他們也有成長再成長的無限空間。

11：
實踐心：一又一次活出自己最渴望的樣子

這幾年來，疫情給生活帶來巨大變化，政府的防疫措施也隨之「滾動式」修正，一邊實施、一邊檢討修正，這是一種保持彈性的折衷辦法。

在陪伴孩子成長的過程中，也很適用這種折衷辦法，由於社會進步飛速，再加上孩子的身心發展變化也大，身為父母的我們需要做「滾動式」調整，找到與孩子互動的最佳頻率。

我們可以按照父母複製給你的人設，再重播一次父母的人生，但我們也可以在自己生命裡，透過一次又一次的行動，活出自己最渴望的樣子。

在陪伴孩子的過程中，我鼓勵自己做各種嘗試，嚐出自己喜歡的味道，活出自己想成為的母親；我也鼓勵孩子做各種嘗試，嚐出他喜歡的味道，活出他自己想要的人生。

或許，你會問我：「那失敗了怎麼辦？或是根本沒用怎麼辦？」

那我會回：「很好，現在已經排除一個選項了！」

　　如果，我們什麼都不試，那又豈知自己不要什麼？透過很多個「不要」，就有機會找出自己的「想要」，透過一次又一次的實踐，活出自己的渴望人生。

「滾動式」調整自己，才能滾動孩子的人生

　　一般來說，孩子對世界是充滿好奇的，尤其是三歲之後的孩子，喜歡從父母的角度，理解與建構世界的面貌，因此總是有千百個為什麼，經常問到父母心煩意亂，當然我也不例外。

　　起初，我能認真回答女兒的好奇，畢竟我也希望自己能為她的世界建構出份力，但當她反覆詢問同樣的問題時，我就會感到不耐。

　　不過，我會試著「滾動式」調整自己的回應，當作「行動研究」般，來觀察與評估女兒的反應，為下一步做好準備。

　　比如，我會選擇故意說錯，測試女兒是否有把我的話聽進去。有時，她會愣了幾秒後，很認真地糾正我說：「不對啦！媽媽，你說錯了，是……才對啦！」但有時，她不會意識到有問題。

　　有天，接近傍晚時分，我們一家三口從家裡步行到附近的公園，途中女兒抬頭問我：「阿嬤怎麼沒有跟我們一起來公園散步

啊？」我向她解釋阿嬤騎車出門了。

接著，她又問：「那阿嬤去哪裡了呢？」我只好再回應她，是去水湳了。

她再問：「阿嬤去水湳做什麼啊？」我再向她解釋阿嬤是去買菜。

原以為話題到這裡就結束了，豈料女兒竟回頭再次追問：「阿嬤怎麼沒有跟我們一起來公園散步？」、「阿嬤去哪裡？」、「阿嬤去水湳做什麼啊？」這系列關於阿嬤行蹤的問題，我的耐心只足夠我回答三遍。

我不解女兒為何反覆詢問同樣的問題，是她聽不懂嗎？於是，我決定「以牙還牙」，反問這系列關於阿嬤行蹤的問題，她竟都能回答正確。

後來，我淘氣逗她，將「以牙還牙」提升到最高境界，開啟單曲循環的追問模式來「報復」她。

前三回合女兒都能正確答題，但到了第四回合時，她越來越不耐煩，突然大聲向我喊說：「媽！你不要再講話了啦！」我竊笑地想，此刻女兒應該也體會到一直被問相同問題的心情了。

通常，當我們發生親子衝突時，我不會急著給孩子定罪，也不會急著要求孩子改變，我會先試著改變自己的行為，去觀察孩

子的反應。如同我對女兒的提問感到厭煩時，並不會立刻制止她的提問，而是試著回答錯誤的答案，或反問孩子相同的問題。

我會持續觀察孩子的反應，若孩子出現良好的行為，我給予肯定與鼓勵，但若是不良的行為反應，除了糾正與教育之外，我仍會持續改變我的行為，直到陪孩子一起找到適切的替代行為為止。

在陪伴孩子的過程中，父母不能總是要求孩子配合自己，父母得給出良好的示範，練習培養一顆願意改變與勇於實踐的心，「滾動式」調整自己的行為，透過採取不同的行動，父母將成為孩子的最佳典範，孩子就會學習到如何藉由自我調整來滾動自己的人生。

別急著要求孩子一步到位，
請給他一個「軟著陸」的機會

記得是從 2022 年 5 月開始，原本零確診的台灣，確診數急遽上升，由於此波病毒株致死率與重症率較低，因此政府提出以逐步解封的方式，迎接與病毒共存的防疫新生活。

當時，媒體經常報導「軟著陸」這個名詞，我們可以想像成搭乘飛機降落時，飛機會以一定的速度緩緩著陸，以確保機上乘

客的安全，這就是「軟著陸」。

「軟著陸」也很適合父母運用在陪伴孩子成長的過程當中。

為人父母者，常是愛子心切，急著讓孩子著陸成長，期許他快點長大，成為一位獨立自主的成熟大人。因此，當我們看到孩子哪個地方沒做好時，就會急著糾正他；當我們看到孩子哪個地方可以做得更好時，就會急著建議他；當我們看到孩子哪個地方做得很好時，就會急著要求他要做到樣樣好。

我有時也會陷入這樣的思維，約莫女兒三歲時，某晚我剛下班回家吃飯，她在旁邊嚷嚷說：「媽媽，餵餵。」

當時由於工作的關係，我已十分疲憊，對她沒什麼耐心地說：「你都這麼大了！你應該要會自己吃飯了啊！不能再媽媽餵餵了！」接著，她臉色一沉，嚎啕大哭起來，堅決拒絕自己吃飯。

接下來的那幾天，我和女兒經常為「她得學習自己吃飯」的事情發生衝突，關係變得十分緊張。

直到有天，我又遇到了同樣的場景，我拖著疲憊的身心，好不容易平安返家，女兒又再度說：「我要吃麵麵，媽媽餵餵。」

當下，我才意識到這個問題反覆出現，我不禁思索改變會是誰的責任呢？或者，誰更有改變的可能性？若我無法改變，那孩子又豈有能力改變呢？

　　我試著把心靜下來，語氣輕快地對她說：「好啊！但是媽媽今天上班累累，不然我餵你一口，剩下的你自己吃，好不好？」

　　女兒意外地爽快回應我說：「好啊！媽媽，愛你哦～」原來女兒並非懶惰不肯自己吃飯，她只是想得到母親的一份愛。

　　此刻，我也體會到各退一步是何等的海闊天空，如果父母無法先退那一步，那孩子又能從哪兒學習到退後一步呢？

　　成長是一個緩慢且連續的過程，我們不能要求孩子一步到位，「硬」讓他著陸，只會使他受更重的傷。孩子永遠記得自己還是嬰兒時，被父母親捧在手心上呵護的幸福感，但才過沒多久的時間，就被父母要求得落地獨立，這樣從高空落下的「重摔」，實在是太疼了！

　　我們難免望子成龍、望女成鳳，但也無須狠推他一把，使他帶傷上陣。當我們要求孩子成長茁壯時，都得好好提醒自己：「我們命令孩子的力量有多大，孩子在著陸時摔的傷就有多重。」

　　無論如何，孩子的成長與獨立仍需用我們的愛來包裹著他，以「軟著陸」的方式慢慢降落到地面上。請給予孩子「軟著陸」的機會，好讓他無須用成長的力氣走在療傷之路，讓他能安心地自生自長而非被拋棄般的自生自滅。

用「預告」呼喚孩子對未來的期待

孩子在玩遊戲時，是非常專注與投入的，假若我們直接命令孩子馬上停止，他通常會用哭鬧來表示抗議。

我經常使用「預告」的機制，告訴他：「這是最後一次了哦！」玩完之後就要收起來了，好讓他有個心理準備。

同時，我也會視情況給孩子一點彈性，如果孩子感到抗拒或不願意結束，我最多會給他三次的「最後一次」，並且會在第三次特別強調地說：「這次是最後一次的最後一次了哦！」

這樣的「預告機制」在我和女兒身上起了其他的化學反應。

那時，我和女兒在玩互相追逐的遊戲，我們在房間裡爬上爬下，跑了一圈又一圈，雙方都氣喘吁吁，我已經沒有力氣再繼續跑下去了，只好先停止腳步，對她說：「好了，好了！媽媽累了，跑不動了，我不玩了！」

女兒隨即比出右手的食指，認真地對我說：「最後一次，最後一次就好。」此刻，女兒想到要用「預告」來幫助她做好結束的心理準備。

對我而言，這最後一次的「預告」，彷彿具有「鼓舞」的效果，它召喚出更多的力氣，好讓我能和女兒跑完最後一圈。

後來，我也將預告運用在其他的地方，例如：入睡時間到了，孩子還想繼續看書不想睡時，我告訴她：「起床的時候，我們就可以繼續念了哦！」讓孩子知道何時可以再閱讀，呼喚孩子對未來的期待，來抵抗此時此刻的誘惑，幫助孩子著手去做現在得做的事情。

不過，身為父母的我們得「說到做到」，千萬別當放羊的小孩！

我回想起過去參加台中市視障天使協力車協會活動時，我騎協力車載著視障朋友一同從台中騎到南投，那趟烈陽高照下近六十公里的路程，讓我的腳無比沉重。

每當我想要放棄時，領隊就會對我們呼喊說：「快了！快了！再過十分鐘就到了。」我就會告訴自己再撐一下，終點就在前方不遠處了！

然而，隨著時間與汗水的流逝，我察覺到不對勁，已經過了三十分鐘了，怎麼還沒到目的地呢？此時，領隊又對著我們呼喊著：「快了！快了！再過十分鐘就到了。」原來這是他鼓舞大家的方式。

事後，我和當時同行的妹妹聊天，由於她很熟悉台中到南投的路途，每當她聽到領隊喊著快到時，這對她來說完全起不了鼓

171

舞的作用，因為她心裡想的是：「明明就還很遠！」

　　這段對話提醒著我，預告雖具有鼓舞的效果，但父母可不能空口說白話，否則再多的預告，也呼喚不出孩子對未來的期待感。

和孩子一起發明展開行動的咒語

　　每到睡前，我們一家三口會先躺在床上談心，當我睡意來襲時，就會對女兒說：「你準備好了嗎？」

　　起初，女兒會立即回答：「還沒！」但大概過了幾秒之後，她就會說：「媽媽，你再問一次。」

　　接著，我就會再問：「你準備好了嗎？」

　　女兒就會簡短有力地回：「好了！」

　　於是，我答道：「好，睡覺！」女兒隨即轉身，以自己習慣的睡姿入睡。

　　「你準備好了嗎？」是我和女兒的暗號，也是我們展開行動的咒語。

　　當我們面臨分離時，我希望能給女兒足夠的心理準備，如即將入睡前，我會問她：「你準備好了嗎？」或者我要去書房書寫時，我會擁抱著她，並問她：「你準備好了嗎？」當她說好，我

才會暫時離開她的身邊。

在陪伴孩子的旅途中，我不喜歡押著孩子前進的風景，這會讓我與孩子失去欣賞的能力，再美的景色都會黯然失色，我偏好讓孩子做好心理準備，再相約出發，一同享受啟程之後的美好時刻。

別急著當孩子的老師，實踐才是孩子的恩師

2022 年的暑假，我在南投帶領親子教養團體，裡面大多成員都是新住民母親，也有阿嬤帶孫的隔代教養。在帶領團體的過程中，成員提及孩子「不受教」的行為，經常令父母感到生氣且不耐煩，這讓我回想起了我和女兒的故事。

有次，我們一家三口正準備出門去公園散步，女兒是個急性子，她急忙跑去拿自己的小安全帽，我拿著口罩對她說：「要先戴口罩哦！不然戴上帽子之後，就沒辦法戴口罩了。」但她不聽我的告誡，一定要先戴上安全帽。

當時我本想拿走她的安全帽，但她卻緊抓不放，無論我如何軟硬兼施，她仍不肯鬆手，我只好妥協讓她先戴上安全帽。

然後，她終於發現安全帽搗住了耳朵，根本無法戴上口罩，於是她又著急地把安全帽給脫下來，先戴好口罩，再戴上安全帽。

173

這冗長的步驟，讓在旁觀看的家人露出不耐煩的表情，說道：「就跟你講過了，誰叫你不聽！」直接標籤女兒是「不受教」的孩子，我想這又是家家戶戶經常上演的戲碼。

　　身為「大人」的我們，走過的路、吃過的鹽固然比孩子還要多出很多，這讓我們自以為比孩子看得更遠，於是心急地教導孩子，不希望孩子走上自己曾走過的冤枉路。

　　我在親子教養團體中，向夥伴們說道：「即便如此，孩子仍需要去親身體驗，才能夠真正學到。」

　　試想，我們如今成為所謂的「大人」，哪件事情不是我們透過親身經歷所學習到的呢？也許，親朋好友曾苦口婆心的勸說，但我們就是鐵了心去做自己想做的事情，不是嗎？當結果不符合預期，自己才會意識到這選擇是行不通的。

　　無論我們腦海中的智慧有多麼的好用，那也不是孩子的，也不能長伴孩子，唯有在孩子實踐過程中所獲得的智慧，才是屬於孩子的，才能深深烙印在他的腦海裡。

　　實踐，才是能夠陪伴孩子一生的恩師，讓他學會如何發現問題、解決問題，成為終身的實踐者。

敘事治療的「遇」兒筆記

在人生實踐，成為自己想成為的樣子

在敘事治療裡，來談者會帶著「問題故事」前來，而助人者會陪同來談者去認識自己的問題故事，從中萃取自己喜歡的自我認同，以此鼓勵來談者規劃出未來的行動藍圖，實踐於生活當中，邁向渴望的自己。

到底什麼是自己渴望的樣子？這需要一次又一次的探索與實踐，才能慢慢成形的，當自己想成為的樣子越來越具體、清楚時，會更知道自己的渴求是什麼？願望是什麼？偏好是什麼？這會呼喚我們的內在動機，長出行動的力量與勇氣，實踐自己嚮往的真實生活。

有時，我們不見得知道自己真正想要的是什麼，在透過一次又一次的行動中，漸漸理解自己的目標與方向，稱之為「先行而後知」；也有時候，我們知道自己真正想要的是什麼，於是乎朝向目標行動前進，稱之為「先知而後行」。

大部分的父母親，都是在「先行而後知」與「先知而後行」相互交織下與孩子互動的，我們有時依據自己的理念教養孩子，但我們有時得透過觀察自己的行為，來反思自己的想法與觀點，

175

兩者幫助我們慢慢地往「知行合一」靠近。

　　在陪伴孩子的過程中，我們可以透過一次又一次的實踐與反思，去成為自己想成為的父母；我們也可以一次又一次的實踐與反思，去探尋孩子喜歡被對待的方式。

　　秉持著實踐之心，父母和孩子一起透過一次又一次的行動，活出自己最渴望的樣子。

12： 陪伴心：成為孩子生命中的第一位旅伴

　　小時候，我的父母工作十分忙碌，很少有時間陪伴我，偶爾父親會帶我出遊，那是我最珍惜的美好時光了，因為此刻的父親，是完全屬於我的。這種完全屬於孩子的美好時光，就是蓋瑞·巧門提出愛之語中的「精心時刻」。

　　「精心時刻」是最高品質的陪伴，並非要特別安排多好的行程或多棒的活動，簡單來說，只需要把自己全部的注意力，專注在對方身上，不過這需要雙方的意願，請勿強迫孩子參與，也無須強迫自己給予超過身心負荷的陪伴。

　　我們有很多機會與方式陪伴孩子，例如：聊天談心、親子共讀、玩孩子喜歡的玩具、散步、球類運動、扮家家酒等活動。但最常遇到的情況，就是父母人雖在，但心進入了網路世界。

　　精心時刻的關鍵在於，把自己的注意力全心全意地放在對方身上，比方說與孩子聊天時，先移除腦海中的雜訊，放下手機、關閉電視，用雙眼注視著孩子，讓孩子知道我們正關注著他。當孩子吞吞吐吐時，別急著打斷孩子，也別著急接話，耐心等待孩

子把話說完，再試著理解與澄清孩子的意思。

被理解、被接納、被重視、被需要，不是大人才有的需求，孩子也很需要，而父母可以透過陪伴，來滿足孩子的基本需求。

孩子的問題行為，
是為了換取父母的陪伴

2022 年 7 月時，先生任職的公司受到疫情影響，老闆預告 8 月將關閉公司，並承諾給員工彈性上班時間，當作是求職假。先生突遭中年失業，那陣子他下班回到家後，常拿起手機找工作。

那天，他拿起紙筆記錄求職資訊，女兒在旁觀望許久，先生仍未注意到她的存在，她忽然伸手取紙，此舉引來先生的怒斥：「吼！不要拿！」

不料，女兒竟還傻傻笑著，並再度伸出右手，試圖將紙抽開，此舉直接引爆沉寂已久的火山，先生怒吼：「就叫你不要拿，你還拿！」這下女兒才識相地離開。

事後，先生向我抱怨女兒的「白目行徑」，我沉思了一會兒，開口請教他：「你知道為什麼女兒故意抽你的紙嗎？而且還在那邊一直笑，你不覺得很奇怪嗎？」

過了幾秒，先生頓時豁然開朗，他說：「難道她是為了吸引我的注意？」我附和他的想法，並向他解釋，這幾天他一回家

都是找工作，陪女兒的時間減少許多，女兒很可能利用這樣的行為，來吸引他的關注。

接著，先生選擇先主動去擁抱女兒，並詢問她是否需要父親的陪伴，最後他們共讀了一本繪本，順利化解這次的親子小衝突。

我認為，年齡越小的孩子，越需要父母的陪伴，因此當父母親忙碌時，他們會透過各種方式來引起父母親的注意。只是孩子難以分辨什麼是令父母喜歡的行為，什麼是令父母討厭的行為，孩子只能依據行為結果來分辨，是否能夠滿足自己的需求。

最不希望發生的情況是，只有孩子在採取問題行為時，才能獲得父母關注，才能滿足自己的陪伴需求，如此問題行為就會不斷「茁壯」，問題故事也會不斷「豐厚」。

所以，每當孩子出現問題行為時，先別急著給孩子的行為判罪，冷靜下來思考，孩子是否想要獲得父母的陪伴或關注？若是，請父母先滿足孩子的陪伴需求，再跟他討論如何適當邀請父母提供陪伴。

陪孩子一起找到滿足需求的替代方式

孩子是天生的研究者，他透過各種行為去測試父母的反應，那些能滿足自我需求的行為就會受到強化，下一次需要時就會採

取相同的行動。

　　我們可以仔細觀察孩子的行為及其功能，以進一步探詢孩子背後的需求，並陪伴孩子一起找到合適的行為，以滿足需求。以行為功能分析來說，大致可分為以下四類：

❶ 獲取注意力

　　孩子總是希望獲得父母的關注，因此當父母的注意力不在他身上時，他就會試圖採取討好、取悅或搗蛋的方式，來吸引父母的目光。

❷ 尋求某些人事物

　　孩子也像我們一樣會有許多的願望與期待，像是想要父母的陪伴、出門遊玩、獲得玩具……等等，他會採取一些行動來幫助自己獲得，例如和父母討要、乖巧聽話、哭鬧、搶奪……等等。

❸ 逃避某些人事物

　　孩子也有不想要面對的人事物，像是害怕恐怖的鄰居阿伯、抗拒洗澡、討厭某些蔬菜等，也會試著採取各種行動來迴避，例如：哭鬧、推人、尖叫……等等。

❹ 獲得感官上的滿足

　　這世界對孩子來說是新鮮的，他們會打開自己所有的感官，包含觸覺、嗅覺、視覺、味覺和聽覺等，用感官去體驗世界，例

如：年幼的孩子會把物品塞在嘴裡品嚐；又或者在樓梯間大叫而
聽到回音的孩子，會反覆不斷大叫，只為了聆聽回音。

　　孩子的行為或許可以被評價為「好」與「壞」，但孩子背後
的需求沒有對錯，都是出自於人類「趨樂避苦」的本能，而身為
父母真正要做的是，當孩子出現所謂的「不良」行為時，先別急
著用糾正與責怪來否定孩子的需求，請試著去理解孩子行為背後
的需求，引導他發展出替代性行為，以適切滿足自己的需求。

　　舉例來說，睡前是我們一家三口的談心時刻，但我常不小心
開啟話匣子，自顧自地與先生聊起來，我的耳朵會自動屏蔽女兒
的聲音。

　　有次，女兒在旁大吼大叫，試圖中斷我們的對話，我問她：
「你一直打斷我和爸爸的話，是不是想要媽媽陪你說話呢？」

　　女兒輕聲地回：「嗯！」

　　我確認女兒的需要後，告訴她除了大吼大叫外，也可以直接
向我表達需求，例如說：「媽媽，我想跟你講話。」或者「你跟
爸爸說完之後，可以換我說嗎？」

　　通常，我在陪伴孩子時，會儘量避免使用「否定」的語言，
例如：「你這樣很吵欸！」、「吼～你很煩欸！」、「不行，你

這樣很不乖、很討人厭。」

我會先同理孩子的感受，幫助他去探索自己行為背後的需求，例如：「是不是很想跟媽媽說話？」、「是不是還想玩，不想刷牙？」、「你哭哭，是不是這件事情對你來說很重要？」

當孩子的情緒抒發出來，通常會變得比較平靜，此時我們才能和孩子討論替代的行為，如何表達需求，以及可以透過哪些行為來滿足自己的需求。

手機是無辜的，孩子也是無辜的

「孩子一有了手機，就變了個人似的，都不需要我了。」這是某一位家長曾告訴我的。

孩子之所以沉迷於網路，雖說手機誘惑力無限大，連大人都難以招架，但我更想說的是，如果生活中父母給予高品質的陪伴，那手機誘惑再大，孩子也會離開網路世界。

當孩子需要有人相伴時，父母沒有給予足夠的陪伴，於是網路就替父母陪伴孩子；當孩子需要成就感的時候，父母沒有給予肯定與鼓勵，於是網路就替父母給孩子支持；當孩子遇到挫折的時候，父母只提供無限的批評與數落，親子關係自然疏離，而網路就成為孩子唯一的抒發管道了。

　　試想，假設你必須向人揭露一個祕密，但只有兩個對象供你選擇，一是父母親，一是網友，你會選哪一個？我想八成都是網友。我也是，因為從小父母親就扮演「訓導主任」的角色糾正我們，當我們告訴父母自己最脆弱的一面，只會得到批評與糾正，而非溫暖與鼓勵。

　　如今，我們的孩子也是如此。當孩子無法從我們身上獲得他想要的陪伴時，理所當然地就會從網路世界中取得，如果我們給的陪伴越少，他在網路世界就陷得越深。

　　我們可以感謝網路暫時替我們接住了孩子，但千萬別讓網路成為孩子生命中的唯一旅伴。

別讓網路成為陪伴自己的唯一旅伴

　　凡父母要求孩子的，父母自己都得先辦到，這是很重要的原則，否則孩子難以真正的信服。

　　請父母先檢視自己使用網路的習慣，是否也沉迷於網路？是否也習慣用手機來陪伴自己？是否無聊就想滑個手機？是否不斷瘋狂追劇、玩手機遊戲、流連社群軟體？

　　在忙碌的生活裡，我們更需要減少使用手機的時間，並做好時間管理，才有充足的時間，提供孩子高品質的陪伴。

陳志恆諮商心理師在《脫癮而出不迷惘》[*]書中指出，數位教養議題的三個最高指導原則，我也想分享給閱讀這本書的你。

❶ 3C 網路是工具而不是玩具：

善用網路獲得新知、發展嗜好和解決問題，避免花過多的心力在網路世界中找樂子或打發時間。

❷ 使用網路的自我控制能力需從小培養起：

使用網路本身沒錯，但孩子大腦發展還未成熟，自制力有限，孩子需要父母的循循善誘，但請父母以身作則，做好自我控制，避免自己也沉迷於網路世界當中，或是其他種類的成癮，如酒癮、藥癮、菸癮、追劇、暴飲暴食。

❸ 有品質的陪伴是最終解方：

請父母務必積極與孩子建立良善且信任的親子關係，即使孩子深受網路的吸引，但現實生活中有一個愛他、欣賞他、肯定他、重視他的父母，他會甘願離開網路，回到現實生活中的！

數位時代已不可逆，我們都得學習如何和網路建立起健康

---

[*] 《脫癮而出不迷惘：寫給網路原生世代父母的教養書》，陳志恆著，圓神，2022。

的界線，成為孩子的最佳模範，別讓網路成為陪伴自己的唯一夥伴，也別讓網路成為陪伴孩子的唯一同伴，你和你的孩子才是生命旅途中的最佳旅伴。

陪伴是送給孩子最美好的禮物

贈送禮物是常見的表達愛的方式，父母可以觀察孩子的需要與喜好，贈送適切的玩具，像是當我發現女兒喜歡畫圖時，我就買了可以重複塗鴉的磁性畫板，讓她能享受創作的樂趣。

不過，我們需要留意避免贈予過於昂貴的奢侈品，或不符合孩子年齡使用的物品，例如：孩子才在就讀幼稚園，就買手機與平板給孩子，孩子身心發展尚未完全，並沒有足夠的自律能力來使用 3C 產品。

有時，父母為了鼓勵孩子，難免會在孩子表現良好時，以玩具作為獎勵，這沒有什麼問題，但父母得留意別用禮物來取代自己的陪伴，例如：父親答應買 Switch 給孩子的前提，是孩子玩 Switch 就好，別來打擾父親，這恐使孩子誤認為自己的存在會成為父親的困擾。

現代社會的父母，大部分都是雙薪家庭，很少時間能夠陪伴孩子，礙於工作忙碌或其他原因，沒辦法騰出時間陪伴孩子，當

我們對孩子感到虧欠，就容易把禮物當成「愛的替代品」，用禮物來傳達自己的愛，但孩子最需要的還是父母的陪伴，這份最美好的禮物，永遠也不會過期或壞損，還會深深烙印在孩子心中。

　　某天，我將拖鞋放進鞋櫃，正準備出門上班，女兒露出失落的神情，問我說：「媽媽，你去上班了，不在我身邊陪我，那我怎麼辦？」

　　當下，我感受到女兒對我的依賴與需要，但只能笑笑地對她說：「現在家裡還有阿嬤會陪你啊！」

　　接著，她猶如京劇換臉，「咻」一下的時間就重拾笑容，開心地說：「好呀！」語畢即轉身上樓找阿嬤去了，而我祈禱未來在女兒的每一個時刻，都有人能夠陪伴著她。

　　對孩子來說，陪伴永遠是最美好的禮物，而我們終將老去，人生的最終有孩子的陪伴，將是自己最浪漫的告別式。

敘事治療的「遇」兒筆記

用你的生命陪伴孩子的生命

　　與其說敘事治療的助人者和來談者的關係是「治療關係」，我更喜歡說它是一種「陪伴關係」，陪伴來談者遇見美好的自己，

陪伴來談者越來越欣賞自己，陪伴來談者實踐自己渴望的人生。

敘事治療強調來談者才是自己「生命的專家」，助人者則是「對話的專家」，是來談者人生旅途中的好旅伴，一同停留與駐足在美景之前，傾聽來談者沿路走來的美好故事。

黃錦敦在《生命才是最值得去的地方》[*] 裡提出「以生命陪伴生命」的敘事路徑，在聆聽他人生命故事時，讓自己的心先安靜，也把自己對生命的共鳴箱打開，和眼前這個人連上，不去判斷對錯，不去診斷是否正常，也不用建議該如何做才好，而是好好感受他的故事，並在心裡問自己：「我感受到什麼？」、「他正在訴說什麼渴望？」、「我收到的禮物是什麼？」

在陪伴孩子的過程亦是如此，由於孩子無法用完整的言語訴說自己，我們更要讓自己的心安靜下來，別擺起父母的權威角色，試著當起孩子的旅伴，打開自己的五官體會孩子的感受，吸著孩子吸入肺部的空氣，聆聽孩子心臟跳動的聲音，品嘗孩子的人生滋味，用自己的生命陪伴孩子的生命。

在人生旅途中，陪伴將是送給雙方最浪漫的伴手禮。

---

[*]　《生命才是最值得去的地方：敘事治療與旅行的相遇》，黃錦敦著，張老師文化，2014。

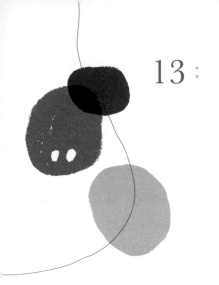

13：珍惜心：
當感恩成為日常，
孩子更能品嚐幸福

「感恩的心，感謝有你，伴我一生，讓我有勇氣做我自己。感恩的心，感謝命運，花開花落，我一樣會珍惜。」這是在我小學階段的必學歌曲，如今它也成為我陪伴孩子的心情。

我很珍惜來到這個世界的機會，我懷抱著感恩的心態，珍惜旅途中所有的夥伴，包含我的父母親、手足、婆婆、先生和女兒，還有其他曾經出現在我生命中的所有人。

我二十幾歲時，當男友不情願地幫我做事情，我會選擇抱怨他不夠愛我；三十幾歲時，當先生不情願地幫我做事情，我會選擇感謝他對我的愛。這樣的轉變，是因為我終於明白了「珍惜」，他在心有不願的狀況下，仍舊選擇幫我做事情，這不就是出自於愛嗎？

試想，當你選擇抱怨時，心情會如何呢？也許，你會感到生氣、不滿、不公平；但當你選擇感恩時，心情又是如何呢？也許，你會感到滿足、幸運與愉悅。**抱怨招惹的是負向情緒，而感恩呼喚的是正向情緒。**

　　懷抱感恩的心態又可以分為兩種，一種是把感恩當成「節日」來過，當對方給予特別的恩惠時，才向對方表達感謝之意；另一種是把感恩當成「平日」來過，無論何時何地，哪怕是再理所當然的行為，我們都抱持著感恩的心態，向對方表達感謝。

　　岩崎一郎是一位日本腦科學家，他在《改變人生的大腦鍛鍊》*中提出不幸福的大腦使用方式，就是當人只有好事出現才懂得感恩，人就容易變得負面。

　　換句話說，我們若把感恩視為「節日」，那就必須得在特別的日子裡受到特別的恩惠，才會出現正向的情緒，但這種狀況是可遇不可求的，再加上若是在特別的節日裡，好事還沒降臨，卻先撞上了壞事呢？感恩只會讓我們變得更加負面。

　　每次我在帶纏繞畫的紓壓課程時，會特意分享「感恩」的心態。感恩承辦單位的辛勞，紓壓課程才能夠舉辦；感恩有紙筆的存在，讓我們可以盡情享受創作的樂趣；還有，感恩一路走來的自己，讓我們至少還活著。

　　我把感恩視為「日常」，分分秒秒懷抱感恩的心情，體驗生

---

*　《改變人生的大腦鍛鍊：日本腦科學博士親授活化腦島皮質 6 大法則，教你用意念扭轉命運，變得更快樂》，岩崎一郎著，墨刻，2021。

活，體會生命。同時，在陪伴女兒成長的過程中，我也會注入感恩的元素，讓感恩散布於親子旅程的每一個角落，珍惜親子相伴的時刻。

在這本書中，透過我的感恩書寫，希望也能呼喚有關你感謝生活的故事，以及珍惜家人的故事。請你相信我，當感恩成為日常，生活就會變得舒服起來，周遭的人會跟著幸福起來。

珍惜與孩子相處的日常

記得蒂蒂剛出生時，由於黃疸指數過高，只能留院觀察，當時在產後護理之家的我待得很不安穩，一心只想快點接她出院。

兩天過去，女兒的黃疸指數雖降了，但仍未降到標準值內，因此無法出院。不過，醫師見我思女心切，每次都淚眼汪汪的看著他，不斷詢問女兒何時會好轉，再加上我在產後護理之家會有醫師和護理師的幫忙，他才同意我帶女兒離開醫院。

打從女兒出生後，我的心就會一直被她揪著，搞得七上八下的。

我永遠忘不了離開產後護理之家的那晚，我和先生獨自照顧女兒過夜，沒有醫師和護理師的協助，那晚我夜不能寐，無數次起身，把食指放在她的鼻孔前查看是否有氣息，或雙眼緊盯著她

的胸口是否因呼吸而起伏。

好不容易，女兒快滿周歲了，卻罹患嚴重的感冒，整整昏睡了三天，每次醒來的時間不超過一小時，並且呈現一種呆滯狀態，奶喝得很少，連哭的力氣也沒有，甦醒沒多久就又默默睡去。

當時我很心疼，吃不下飯、睡不著覺。從她出生起，我夜夜祈求她能睡過夜，好讓我一覺好眠，然而，由於重感冒而沉睡的她，卻又使我輾轉難眠，只好起身呆坐，癡望著她，深怕一夜醒來天人永隔。

孩子生得病越重，做父母的就越心疼。父母往往在此時才會想起健康平安的重要性。不如，我們試著把感恩當成日常，不只在孩子生病時，才懷念孩子的平安健康，而是連孩子活蹦亂跳時，也能懷著感恩的心，珍惜孩子的一切。

當孩子還有力氣搗亂，代表他的身體是健康的；當孩子不小心撞到你，你有多痛，孩子精力就有多旺盛，身體就有多健康；當孩子總是吵著喝奶，代表孩子食慾很好；當孩子排便時，代表他腸胃正在吸收蠕動，身體狀況良好；當孩子不斷問你問題，出現一千萬個為什麼時，代表他的心智正在發展；當孩子不聽從你的指令時，代表他逐漸有了自己的想法，想要長出自己了。

那些孩子令我們感到煩惱的行為，可能都代表著他的身心，

正在健康平安的長大，孩子活著永遠值得父母萬分感謝。

孩子不是故意惹麻煩，他只是想解決麻煩

每天晚上，我得負責摺衣服，但自從蒂蒂學會走路後，她就經常來搗亂，當她把摺好的衣服弄散時，我會喝止她的行為，並要求她離開，她便會露出落寞的神情，黯然離去。

隨著時間過去，她越來越會表達自己的想法，同樣情況再次發生時，她竟回我說：「我只是要幫你把衣服拿去放好而已啊。」此刻，我才明白了，原來她不是想惹麻煩，只是想幫忙。

女兒雖有想幫忙的善意，但她並不知道可以如何提供大人需要的協助，於是我會告訴她可以如何幫助我，例如我請她先把不怕弄亂的襪子，拿去抽屜裡放好，摺好的衣服則由我拿去放。

後來，女兒的手腳越來越靈活，我便開始慢慢教導她如何摺衣服和褲子，每當她完成我交代的任務時，我都會記得跟她說聲：「謝謝！」

有次，我在書房喝水時，發現她打開了我存放和諧粉彩的畫具箱，我克制自己憤怒的衝動，這種克制並不容易，畢竟之前她有多次案底，常不問自取。

我試著一邊深呼吸、一邊看著她，結果她打開畫具箱的原因

　　竟是，她發現箱中的小碟子流浪在外，於是特意幫我放回畫具箱內。

　　當下，我除了感謝自己沒有立刻阻止她外，也感謝女兒的貼心，於是我對她說：「謝謝你的貼心，幫我把碟子放回去。」

　　通常，孩子是很喜歡幫助父母親的，但自己的能力有限，經常把事情搞砸，當父母收拾殘局習慣了，也就自然認定孩子是來找麻煩的，而非來幫忙，就像我先生常說的：「不幫不忙，越幫越忙。」

　　身為父母的我們，千萬別露出不耐煩的眼神，拒絕孩子熱心助人的善意，我們可以選擇引導孩子，如何用有限的能力提供幫助，當孩子做得好時，我們可以透過感恩，讓孩子感到自己的付出是有價值與意義的。

孩子已經很努力讓麻煩降到最低了

　　女兒剛開始戒尿布的時候，經常在不同的地方尿濕褲子，她初次失誤的地點是在安全座椅上，這是最令人頭疼的位置，光是要把安全座椅從車上拆下來，就弄得我渾身是汗，接著還要把包裹安全座椅的套布與軟墊，一層層拆下、洗淨、曬乾後，再原樣裝回，真是大工程。

接下來，她的失誤陸續發生在沙發、床和地板上。我理解控制小便並不容易，對她來說這是新的挑戰，因此我未曾責罵她的失誤。不過，她雖是無辜的，但仍須負點責任，通常我會請她先去拿乾淨的褲子，而我留下來負責擦拭乾淨。

　　後來，在某個夜晚，我和蕎蕎坐在床上，一起看幼幼版的巧虎節目，片長整整三十分鐘，女兒竟從頭到尾都目不轉睛盯著電視螢幕，直到影片結束後，她莫名跳下床，蹲在地板上，當我聽到水流聲時，才明白緣由，她看著我說：「媽媽，我不小心尿尿了。」

　　先生見狀後，怒斥：「你今天已經是第二次尿濕褲子了！」

　　不過，我問女兒說：「你是不是知道已經來不及了，所以趕快跳下床尿尿，才比較不會弄濕床？」當時她默默點頭，其實她已經在努力避免失誤了，但能力有限，只好把傷害降到最低。

　　其實，當孩子發現自己失誤時，也會盡力彌補，如當孩子打破水杯時，會模仿大人去拿抹布來擦，雖然擦得不乾淨，甚至越擦越糟糕。

　　此刻，大人若對他說：「吼！不要來亂，越幫越亂。」那會使孩子對自己失去信心，並且認為自己的努力毫無幫助，甚至還會為父母帶來麻煩。

我通常不會以「結果」來論定孩子，我選擇觀察「過程」，看見孩子的努力與付出，並感謝孩子的善意。

以禮待人，好好珍惜彼此的邂逅

如果我們留心觀察，會發現孩子脫口而出的驚人之語，都是其來有自的。

那天，我癱在沙發上，雙腳翹在茶几上，擋住了蒂蒂的「車道」，她駕著滑板車來到我面前，彬彬有禮地說：「不好意思，請問你可以借我過嗎？」這話嚇得我差點從沙發上摔下來，怎麼這麼有禮貌呢？我羞愧地把腳縮回來、端正起坐姿。

仔細回想「不好意思，請問……？」這個句型，彷彿是幾天之前，我帶著女兒外出用餐時，因為我忘了攜帶兒童餐具，便對服務員說：「不好意思，請問你可以給我兒童餐具嗎？」

女兒的言行舉止，驗證了「父母如何對待他人，孩子也會學起來，用來對待父母。」

我教導孩子禮貌的方式，並非直接要求他得對人有禮貌，而是「以身作則」，父母的示範永遠是最有影響力的。

當我們期待孩子學會打招呼，那首先我們得先向對方打招呼；當我們期待孩子要多說「請」字，那我們在對待他人或孩子

195

時，也得先說「請」字；當我們期待孩子學會道歉時，那我們在
對待他人或孩子時，也得先說「對不起」。

對我而言，禮貌是一種善待他人的方式，可以用來好好珍惜
彼此相遇的時刻。

讓感謝持續發酵

有次，我帶女兒去逛夜市，我們兩人擠在狹小的流動廁所，
我幫她脫下褲子後，她自動拉起上衣，接著我的雙手撐住她的腋
下，她則是張開雙腿，緩緩蹲下小便。

我一邊流著汗、一邊出力，一邊還得留意那剛復原的腰提出
抗議，好不容易她小便完了，我便再用力扶她起來。

她突然對我說：「媽媽，謝謝你的貼心！」這句話像杯美味
的葡萄酒流淌進內心，讓我整個人瞬間又樂又茫，那汗沒白流，
力也沒白出啊！

回想這三年來，「謝謝」二字我也常對女兒說。

其實，孩子從小就很樂於為父母服務，我們可以在孩子幫助
我們時，給予正向的肯定，感謝孩子的付出，孩子也會用燦爛的
微笑回報給父母。

有時候，我忘記關廁所的燈，眼尖的女兒會立刻發現，她先

幫我關上燈後，對我說：「媽媽，你忘記關燈了，我幫你關了。」
接著，我會感謝她的幫助。

有時候，我在房間裡進進出出，忘記關門，眼尖的女兒也會
立刻發現，她先幫我關上門，並對我說：「媽媽，你忘記關門了，
我幫你關了。」接著，我會感謝她的幫忙。

我在家的時候，女兒常常黏在我身邊，我這粗線條的母親
總是忘東忘西，她就像我的小助理一樣，給予我許多的幫助與提
醒，於是我習慣跟她說：「謝謝你的貼心！」、「謝謝你的提
醒！」、「謝謝你的幫忙！」

在關係裡，我一向認為沒有誰有義務要幫助誰，所有的付出並
非是理所當然的，我選擇抱持著感恩的心情，珍惜對方的付出。

你感謝孩子，孩子也會感謝你，這是一個幸福的循環，讓感
恩持續在關係裡發酵，那醞釀出的陣陣酒香，多麼令人心醉啊！

一起創造充滿感恩的微醺生活

我在懷孕時，一邊撐著大肚子，一邊從事壓力極大的工作，
再加上那陣子家裡每晚都十分「熱鬧」，長期睡眠不足的我，心
情經常跌入谷底。

當時我透過書寫「感恩日記」，來幫助自己還能夠感受到世

界的美好。不過，自從女兒出生後，生活變得更加忙碌，這本感恩日記便逐漸被我晾在書櫃一隅。

平時，我會朗讀書本給女兒聽，無論是她的繪本，還是我正在閱讀的書籍，有天她竟然找到那本被遺忘的「感恩日記」，要求我讀給她聽。

我只好難為情地唸出來：「今天早上，老公特地早起買早餐給我吃，謝謝老公！」、「謝謝老公幫我拿包包下樓，又把牛奶放進包包裡，還載我去上班。」、「謝謝婆婆願意降低音量，給我安靜的夜晚，好睡覺。」……。

書寫感恩日記的頭幾天，我最感謝的人就是先生，感謝他願意在我懷孕時，提供各種服務，如買早餐、接送、擦妊娠霜、拿包包、切水果、做家務、倒溫水……等等。

此時，先生也聽到感恩日記的內容，露出得意的表情，笑說：「怎麼都是寫老公？」

後來數天過去，當我和先生在房間裡看電視時，蓁蓁感到無聊，竟又翻出那本感恩日記，她雖是拿顛倒了，但有模有樣地念著：「感謝老公……」、「感謝老公……」。我和先生見狀，笑得合不攏嘴。

先生忍不住對女兒笑說：「你到底哪裡來的老公啦！」

　　這件事情提醒著我，除了要常保感恩的心態，若有機會讓對方知道自己的心意，那就更加美好了，獨樂樂不如眾樂樂，要醉大家一起來醉嘛！

　　從那之後，每次先生駕車載我們出遊時，無論是去哪裡，我和女兒都會在車上一邊起看著他的背影，一邊對他表達感謝之意：「謝謝爸爸，開車載我們出去玩！」

　　也許，你認為伴侶的付出是一種理所當然，但即使伴侶真的有義務要為家庭付出，我們仍可以用「感恩」的心情來回應對方，一起豐厚家人間珍視彼此的故事。

　　後來有次出遊，我們一家三口正在回程的路上，女兒竟然主動提醒我忘記感謝爸爸了，於是我和女兒又一起看著先生的背影說：「謝謝爸爸，開車載我們出去玩！」

　　你感謝伴侶，孩子也會感謝伴侶，伴侶會獲得付出的意義感，下一次就會更願意付出，這是個善的循環，你可以幫助孩子與他人產生良好的連結，讓彼此更有意願創造美好的微醺生活。

這個時代都忘了互相幫助、互道感謝

　　我小學三年級暑假時，得負責全家人的晚餐，有次我想做薑炒絲瓜，但冰箱裡沒有薑，於是我到隔壁二伯家「借」薑，但說

借是好聽，其實我根本無能力還薑，哈！

後來，母親回家後，她見到桌上有一盤薑炒絲瓜，便問我：「薑哪裡來的？」

當下我不疑有他，直說：「就是去二伯家借的啊！」但母親卻當場告誡我，不可以麻煩別人，即使是再好的親戚也不可以。

我的母親是一位不喜歡麻煩別人的人，在她的教導下，我也逐漸成為不能麻煩別人的人，我什麼事情都自己來，不習慣請他人幫忙。

後來，我懷孕生子後，為了生計得返校工作，而女兒暫時交給婆婆照顧，但在那段期間，婆婆也生病了，每當她需要就醫時，為了不讓我與先生請假，她經常拜託鄰居幫忙照看女兒，起初我認為這是「麻煩」鄰居的行為，但後來我漸漸發現事情並非我所想像的簡單。

婆婆和鄰居的關係非常要好，是一種「互惠」的關係。當垃圾車來時，鄰居若來不及倒垃圾，婆婆會主動替鄰居倒垃圾；反之，當婆婆來不及倒垃圾時，鄰居就會出手相助。平日裡，鄰居家裡出現什麼好料的，也會拿來給婆婆，而婆婆也經常向鄰居分享新鮮蔬果。

婆婆常談起她那個年代大家庭的生活，鄰居和親戚之間會相

互照看彼此的孩子。可惜的是，如今都是小家庭，都是父母獨自照顧孩子，沒有人可以幫忙搭把手，壓力極大但資源極少。

在陪伴孩子成長的過程中，父母的能力有限，需要引進其他的資源，來協助孩子成長，父母也可以趁此機會，好好喘口氣、休息一下。

同時，當我們和鄰居建立起互惠的關係，也可讓孩子有機會學習模仿，培養孩子樂於助人，也樂於被幫助，這有助孩子在求學或職涯中，建立良好的互惠關係。

敘事治療的「遇」兒筆記

用珍惜的態度對待其他照顧者

敘事治療的助人者相當看重每次與來談者相遇的時刻，他們不只珍惜來談者敘說的生命故事，也珍惜故事背後的善意與愛。

在對待孩子時，我鼓勵父母把孩子當成他自己生命的專家，珍惜他所創造出來的獨特行為，並且探索與留意那行為背後的善意，就如同〈孩子不是故意惹麻煩，他只是想解決麻煩〉和〈孩子已經很努力讓麻煩降到最低了〉的故事，這能幫助孩子從問題故事中脫離，發展正向的自我認同與偏好故事。

201

同樣，在對待孩子的其他照顧者時，我們也要珍惜他們的心意，這樣的態度才能夠幫助他們從問題故事裡翻轉過來。例如，二十歲的我抱怨男友的不情願，但三十歲的我，感謝先生即使不情願仍選擇提供協助，我選擇珍惜他對我的愛與包容。

　　正在閱讀這本書的你，也許你讀過的親子教養書籍，比伴侶或其他照顧者還要多很多，你理所當然地認為自己更了解如何陪伴孩子，但這容易使我們站在專家的角度，指出他們的錯誤與問題，這會讓他們產生更多的挫折或抗拒，無益於提升陪伴孩子的能力。

　　我在和先生討論親子互動時，我會避免扮演專家的角色，而是採取感恩與尊重的態度，去請教或訪問他，這麼做的目的是什麼？這麼做的期待是什麼？這麼做的影響是什麼？因為先生才是自己人生的專家。

　　就像是有次我發現，先生總是在幫女兒沖頭髮時，問她：「佩奇的弟弟，叫什麼名字？」我向先生提及了這個發現，他解釋這是女兒最愛的卡通，提問可以幫助她轉移注意力，降低沖髮的恐懼。

　　「哦～原來是這樣啊！」我們可以試著理解其他照顧者的生命脈絡，就有機會發現他們的「善意」與「專長」。

　　敘事治療強調的是「合作式」關係，珍惜來談者的生命故事，以及故事裡的真善美。在親子、伴侶或家人關係裡，我也推崇「合作式」關係，珍惜對方的意願、尊重對方的信念、感謝對方的付出，以撐出更大的合作空間，共創彼此真心渴望的美好故事。

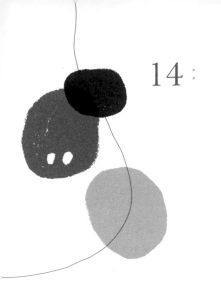

14：
欣賞心：
揪團來觀賞
孩子的美好

　　正在閱讀這本書的你，相信是百分百深愛孩子的，但是你的孩子能否百分百相信你是愛他的呢？如果你感到遲疑，那我推薦你可以多使用「肯定的語言」來傳達你的愛。

　　蓋瑞・巧門提出愛之語中「肯定的語言」，包括稱讚、鼓勵或向他人表達感謝。

　　我們可以稱讚孩子：「哇！你可以自己把玩具收起來，真棒！」透過稱讚可以令孩子感受到被肯定與認同。

　　我們也可以試著鼓勵孩子：「你學會如何穿鞋子了，那我相信現在你也可以開始練習自己穿褲子了哦！」透過鼓勵可以使孩子相信自己是有能力的。

　　我們也可以試著感謝孩子，對他說：「謝謝你貼心拿口罩給我。」透過感謝，可以讓孩子發現自己的付出是有價值與意義的。

　　肯定的語言，也是有力溝通的工具，能讓對方感受到自己的好，就會更願意退後一步商量，或者付出實際的行動。

不過，在使用上我們需要避免過於頻繁、討好與誇張，否則容易養成自我感覺過度良好的孩子，肯定的語言是要打從我們心底去欣賞孩子的特質與表現，並且需要具體事實作為佐證。

如果，父母能在家中營造出欣賞的氣氛，挖掘每個人的價值，肯定每個人的付出，那我相信家中的每個人，都能百分之百肯定自己擁有真實又美好的愛。

陪孩子一起蒐集稱讚的來源

有陣子，女兒正學習用筷子吃麵，這很容易引發極大的挫折感，因為光是筷子要夾起麵條的精細動作，就已經十分困難了，更何況還要在保持麵條不掉落的情況下，精準放入嘴巴。

那時，我心血來潮透過鼓勵的方式，來激發她的成就感，於是當她辛辛苦苦夾起麵條，用那弱小又顫抖的手指，小心翼翼地把麵條推入嘴巴時，我就會大聲的說：「哇～好棒哦！你吃到麵麵了！」

我想要更「豐厚」女兒的英雄故事，於是邀請其他家人一起見證女兒的英勇事蹟，我向女兒說：「你可以試著叫爸爸跟阿嬤看你吃麵。」

接著，她瞪大雙眼，得意地大喊：「爸爸～阿嬤～看我自己

吃麵麵。」她張開嘴巴，讓他們兩位可以看見她嘴裡的麵條。

當先生和婆婆看見女兒成功吃麵時，不約而同稱讚：「哦～好棒哦！」

接下來，每當女兒成功夾起麵條並放入嘴中時，便會得意大喊：「爸爸～阿嬤～看我自己吃麵麵。」逗得大家開心，她也很有成就感。

藉由父母的稱讚，可以幫助孩子提升挫折忍受力，並且更有意願再次嘗試，即使知道過程是困難的，即使知道失敗時會帶來挫折，但努力不懈之後的成功，所帶來的喜悅是加倍的。

最讓人暖心的讚美方式

我曾和先生討論他的好歌聲到底是先天遺傳的，還是後天培養的。

在我初識先生時，他就有一副好歌喉，不只如此，他學新歌的速度特快，也經常能輕鬆地唱出旋律，而我即使聽了一百遍，也還是會走音。所以我認為他的好歌聲來自於天賦。

我以為這是對先生的稱讚，但他卻向我解釋：「我也是經過長時間練習的，小時候經常找歌來聽，再跟著哼出來，久而久之才越學越快。」這讓我發現，讚美是把雙面刃，當我們讚美了某

一部分，就否定了另一個部分。

你通常是如何讚美你的孩子呢？你知道不同的讚美方式，會對孩子造成不同的影響嗎？

蕎蕎三歲時，已經可以清唱不少兒歌了，例如：大象、小毛驢、小星星、寶貝、妹妹揹著洋娃娃、生日快樂、天黑黑。

婆婆很自豪女兒的歌唱天賦，經常讚美她的好歌喉：「比起外孫，我們家的孫女更有歌唱天分呢！」這麼說雖是肯定，但似乎也否定了女兒的努力。

其實，女兒每天都很認真練習歌唱，努力記住歌詞與旋律，我也時常讚美她的努力：「哇～唱得真好，你很認真在學習唱歌哦！」希望孩子未來能加倍努力去獲得成就。

然而，我從莉・沃特斯博士的書中發現，事情並非我想像的簡單。她是墨爾本大學正向心理學中心的創始主任，長年研究正向心理學，並且實際運用在自己的孩子身上，她發現正向心理學能帶來許多好的影響，後來她將這樣的教養方式稱之為「優勢教養」。

她在《優勢教養，開啟孩子的正向能量》*書中介紹了三種

---

*《優勢教養，開啟孩子的正向力量：讓孩子的優點被看見》，莉・沃特斯著，遠流，2018。

讚美的方式，其中各有利弊。

❶ **一般讚美：這是最普遍的讚美，採取正向的敘述方式。**

例如，我們常會對孩子說：「哇！你好棒啊！」、「你做得很好哦！」

莉‧沃特斯博士認為這些話，雖然能夠讓孩子受到肯定，但無法讓孩子認定自己擁有哪些優勢而導致成功，因此這並不是一個培養優勢的有效工具。

就像我們在職場上聽到主管給予一般的讚美，你的感受可能跟我相同，聽得很不踏實，並且困惑到底是哪裡棒？還是只是場面話而已呢？或是只是想要我們更努力工作而已？

孩子和我們的心態是相同的，當父母對孩子說「很棒」時，孩子也會覺得不踏實，並且不知道自己哪裡做得好，甚至懷疑起這是否是父母的手段之一，只為了要自己變成父母所期待的模樣。

❷ **歷程讚美：焦點放在努力、進度、技巧或策略。**

例如，我們會對孩子說：「哇！你很認真在學唱歌，所以才能唱得這麼順暢。」而一般的讚美則是：「你唱得真順暢！」

莉‧沃特斯博士認為這能幫助孩子培養「成長型思維」，但從另一個角度看，這等於告訴孩子：「你沒有唱歌的天分，只能透過不斷努力來學習。」

　　這讓我回想起小時候念書時，母親曾拿我與哥哥做比較，她認為哥哥很聰明但不肯努力，而我不聰明但肯努力。這樣的比較令我沮喪，這彷彿在告訴我，我沒有讀書的天分，只能透過努力學習來獲得好成績，這令我不想努力，因為笨的人才需要努力，這讓我感到丟臉、沒面子。

❸ **個人讚美：讚美的焦點放在個人與生俱來的特質或天分。**

　　例如，我們會對孩子說：「哇！你唱得真順暢，一定很有唱歌的天分！」

　　莉・沃特斯博士指出這雖然能夠讓孩子當下感到良好，但卻容易養成孩子「固定型思維」，導致孩子習慣走安全路線，不敢做新的嘗試。

　　這讓我回想起有關劉軒的故事，他在 Podcast 上分享自己在國外求學的經驗，他被同學稱為數學天才，為了保住這名號，每次數學考前他都得早起念書，但到學校之後卻假裝不知道要考數學，讓同學誤以為他輕輕鬆鬆就能考取好成績，不過這種方式並沒有讓他比較快樂，反而更加彆扭、不真實。

　　當我們稱讚孩子的天分與品格，他們會為了保住稱讚，躲起來努力，或是放棄嘗試，並且自我欺騙說：「我很聰明，只是我不想努力而已」、「我很會讀書，只是我不想讀而已」、「我的

文筆很好，只是我不想寫而已」。

莉・沃特斯博士提出最佳的讚美方式，是一種「優勢本位」的讚美，它結合了上述的歷程讚美與個人讚美，也就是說，透過讓孩子認識自己的優勢，並且讚美孩子使用優勢的方式，如此一來孩子就不會有必須維持形象的壓力，也不會讓孩子覺得自己本身不夠好。

因此，我們可以試著對孩子說：「你用你的唱歌天賦，很認真地學唱歌，所以才能唱得這麼順暢好聽。」優勢本位的讚美，是一個兩全其美的方式，能讓孩子肯定自己的優勢，並且學習如何善用自己的優勢。

以敘事的語言來說，這樣的鼓勵不只看見了當事人的美好特質，也鼓勵當事人採取自己偏好的方式來使用這個美好特質。

對其他照顧者也給予肯定的語言

正在閱讀這本書的你，一定有屬於自己一套教養孩子的方式，甚至你可能比其他家人更懂得如何陪伴孩子，畢竟你真的花了很多時間與心力在孩子身上。然而，在陪伴孩子成長的路上，是無法單打獨鬥的，孩子也會有和其他家人相處的機會，他們也

有足夠的能力，能發展出自己的優勢與偏好教養方式。

也許，你經常看不慣家人對待孩子的方式，就像看不慣孩子胡作非為一樣，你試著矯正家人的教養方式，但卻引來家人的憤怒，關係變得更加緊張，彼此都在爭奪那個「正確」的專家位置，此舉可能輕視了對方的人生智慧。

在這本書裡的所有心姿態，我也期待你可以試著用在家人或伴侶身上，也許會有意想不到的好故事發生。

請你試著找到伴侶或家人在教養上的優勢，並且回饋給他們，讓他們知道自己擁有哪些優勢，並且又是如何使用這些優勢的。

就像男性具有生理優勢，他們天生就擁有比較大的力氣，可以將小孩抱起來轉圈，這是他們的優勢沒錯，但也要出自於他們想要帶給孩子快樂，才會願意把力氣使用在孩子身上，而非其他的事情上。我們可以鼓勵他說：「哇！你好有力氣喔，而且你也很願意將力氣用在孩子身上，讓他玩得這麼開心！」

有些人特別擅長烹飪，能製作出美味又營養的料理，這是他們的優勢，但也要他們願意花心力研究食譜，願意花時間煮給孩子吃，於是我們可以鼓勵他說：「哇！你很會煮飯，也願意花心思煮給孩子吃，讓孩子有美味又營養的午餐，有你真好！」

如果，在家庭裡的每一個人，都可以發揮自己的優勢，並且願意使用優勢來對待孩子，無論是對父母或孩子而言，都是再幸福不過的事情了！

欣賞家人，也欣賞自己

　　你是如何看待你的伴侶，或者家中其他照顧者的呢？

　　我們可以抓住一條「拯救者」的路線，看見他們又惹事了，只好來為他們收拾殘局；我們也可以拉出一條「受害者」的路線，嗅到空氣裡的壓迫感，選擇犧牲自己或委曲求全。

　　我喜歡選擇一條「欣賞者」的路線，我經常帶著欣賞的眼光，去看待先生的幽默。我在自己的粉絲專頁「胡瑋婷諮商心理師的療心話」，曾分享以下兩則故事，邀請大家一起來見證先生理工腦的幽默，這可獲得不少朋友的笑臉呢！

　　八月的某一天，我們一家三口在入睡前，聊聊今天發生的事情，當時蒂蒂突然對我說：「母親節快樂！」

　　哇～我心裡一陣竊喜，想說回她點什麼，在情急之下回了：「兒童節快樂！」

　　沒想到，她竟然很有禮貌地回我說：「謝謝媽媽！」此刻，我們母女倆被粉紅泡泡淹沒。

頓時，先生冷冷回道：「什麼嘛，時間早就過了。」直接戳破粉紅泡泡，把我們拉回現實。

呃……好吧，睡覺。

還有那次，女兒用她那水汪汪的大眼看著我，問說：「媽媽，你今天上班時，有想我嗎？」

我立馬被融化了，便回：「當然有呀！」接著，緊緊地抱住女兒。

不久後，女兒轉身離開，去問先生同樣的問題，但是他卻回：「我在上班啊，哪有時間想你。」

呃……好吧，沒有就沒有。

我和先生的大腦，就像感性與理性腦的分別，每當我出現好高騖遠的幻想時，先生就會用他的實際，把我拉回現實當中；每當他務實到鑽牛角尖時，我就會用我的創意，讓他看見更多生活中的美好。

我想，就是因為先生的務實，才能為這個家帶來安穩。與其批判對方的差異，不如選擇用幽默的角度，去欣賞對方的獨特。

除了欣賞伴侶、欣賞孩子之外，同樣重要的是，欣賞自己。

請你拿紙筆寫下，在陪伴孩子時你擁有哪些天賦？你如何使用這些天賦呢？你可以試著讚美自己，欣賞自己與生俱來的天

賦，以及肯定自己後天使用天賦的方式。

如果是我，我會這樣寫。我熱衷於看書，當我遇到教養困難時，我願意從書中學習成長；我享受畫畫，當孩子需要陪伴時，我願意陪孩子一起創作；我擅長傾聽，當孩子感到難過時，我願意好好理解孩子說的話；我樂於運動，當孩子無聊時，我願意陪孩子玩球類的遊戲。

請你相信自己，你也有屬於你的天賦，這值得欣賞，而你願意使用天賦來陪伴孩子成長，這值得肯定。

敘事治療的「遇」兒筆記

為家搭一座舞台，見證美好時刻

敘事治療裡有兩種故事類型，其一是「問題故事」，指的是那些不符合主流文化標準，而認為有問題的行為、想法或個性所給出來的故事；另一是「偏好故事」，指的是基於個人獨特的在地性文化裡的觀點與智慧，以自己比較偏好的理解或自我認同所給出來的故事。

由於，這世界提供給主流文化的舞台實在是太多，再加上網路的蓬勃發展，如今已到了「四面楚歌」的時代，各處都依循著

主流文化的標準。

但是敘事治療的助人者反其道而行，我們特別喜歡欣賞來談者的獨特，會為來談者搭起一座舞台，邀請來談者生命中其他重要的人，一起來見證來談者的獨特，越多人見證，「偏好的故事」就越豐厚，成為了來談者個人生命的「主流」。

我在前述〈欣賞家人，也欣賞自己〉的故事裡發現，我受偶像劇的影響，也期待浪漫的愛情，但我試著放下主流文化的框架，換一個角度欣賞先生的務實，並且歡迎先生站上屬於他的幽默舞台。

與其說這是一段「陪伴孩子成長」的旅程，不如說是在「成家」的過程中，我們可以搭起一座舞台，讓這個家裡的每一個人，都有機會上台展現自己獨特的美好，彰顯出每一位家人的珍貴與價值，讓彼此都能見證彼此的美好。

透過這樣的舞台，我們彼此喜歡、彼此相信、彼此見證，當人生遭遇挑戰與困難時，我們都能帶著家人的支持與欣賞，鼓起勇氣迎接生命的難關。

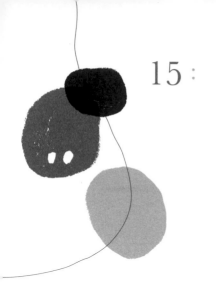

15：慈悲心：允許生命有不同的面貌

　　你是一個喜歡追究責任的人嗎？不是責怪別人，就是責怪自己嗎？在陪伴孩子成長的路上，每個人都希望找出製造問題的兇手，但總是想要追究責任的心態，卻也是問題所在，它才是真正的兇手。

　　我曾在自由時報裡分享，一個家裡彼此責怪的恐怖故事，節錄部分文字如下：

　　面對第一個出生的寶寶，每個人除了喜悅之外，都繃緊神經迎接她的到來。

　　從產後護理之家抱回來時，由於女兒頻繁排便，導致肛門口紅了一小圈，婆婆卻認為是護理人員太久沒換尿布造成，憤怒地說道：「拿了那麼多錢，還沒有把寶寶顧好。」

　　後來婆婆才照顧一天，女兒的屁股紅得更大片，婆婆卻將罪魁禍首指向糞便太多，我心裡很不滿婆婆標準不一。

　　一個月後，女兒咳嗽鼻塞，我和先生責怪感冒的婆婆口罩都只戴一半，所以將病菌傳染給女兒了，婆婆一再否認。一個月過

去，換先生感冒了，女兒沒多久也跟著感冒了，這次換婆婆指責先生傳染給女兒了。

接著，女兒滿十個月了，還無法一覺到天亮，半夜還會起床喝奶。

先生責怪女兒缺乏安全感，總是在半夜哭醒，而我責怪先生，從未付出實際行動，嘗試讓女兒睡過夜。

婆婆認為都是餵母奶造成，得讓女兒吃得夠飽才不會餓醒，於是我嘗試餵配方奶，不料女兒起床次數竟然更多，這下我只好走回頭路，繼續親餵母乳。

面對他們的責怪，最後我責怪誰呢？我自己，沒有足夠的心力與厲害的手段，幫助女兒習得睡過夜的能力。

當我走在這條自責之路時，我變得越來越弱小無助，也會變得越來越沒有創意與智慧，我並不喜歡這樣的自己。

我懷孕時，曾和心理師朋友聊起媽媽經，她告訴我說：「你隨時可以轉換路線，這以後你就知道了！」後來，我真的明白了，自責之路不好走，越走越無力，越走越艱辛，但我可以試著去找到另一條適合自己的路線。

在這裡，我想向你分享「慈悲之路」，這條路走起來非常舒心，猶如春天微風拂撫來，平靜又自在。

在慈悲路上，練習接納自己的限制與不足，別過度苛責自己、否定自己，也無須當一個完美的母親，時時關照自己的需求與狀態，好好滿足自己，好好善待自己。

這條慈悲之路，可以幫助我們從受挫的情緒中走出，也能幫助我們慢慢找回自己的力量，更加從容地陪伴孩子與家人。

以自責止痛，人生只會痛上加痛

還記得，蒂蒂約莫五個月時，有一次，我把她交給父母代為照顧，接著我與先生和其他手足一起去戲院看了場電影。

當我們返回娘家時，她不斷哭鬧，我猜是餓了，於是先親餵母奶，但喝完後她又繼續哭鬧，我以為她沒喝飽，又再泡了嬰兒奶粉給她。

豈料，當她喝完奶的下一刻，竟然把所有的奶都吐出來了，那畫面到現在仍歷歷在目，當下我非常自責，我怎會不知道她的奶量呢？早就該喝飽了，她要的只是我的擁抱而已。

我成為新手媽媽後，當孩子一有什麼狀況，或不符合我或其他家人期待時，我會陷入自責的狀態。這種自責其實是用來「止痛」的，當我無法承受自己帶給孩子傷害的痛苦時，就會用「責備自己」所產生出來的痛苦感，掩蓋原本的痛苦。

這種「以痛止痛」的方式，以生活實例來說，就像是當我們被蚊子叮咬而發癢時，有些人會用指甲壓出十字凹痕，以短暫的痛覺試圖止住令人難耐的癢。

因此，如果你是很能同理伴侶或家人失誤，但不能同理自己的人，也許是因為當別人失誤時，你並不需要以「自責」止痛，然而換你失誤時，就得呼喚「自責」前來為你止痛。

身為父母的我們，可別讓自責成為自己唯一的止痛方式，這會讓我們的人生痛上加痛。

情緒性寬恕可能是舒緩疼痛的選擇

在陪伴孩子成長的過程中，我和所有的父母一樣，會遭遇許多的困難與挑戰，由於我平時有閱讀的習慣，所以我經常會從書籍中尋找解方。

一開始，當我發現自己做錯了，甚至還大錯特錯時，我會感到氣餒與沮喪，還會不自覺地打擊自己，認為自己是個糟糕透頂的母親，明明已經這麼努力了，還是沒辦法做到最好，這樣的狀態讓我越來越無力。

後來，我回想起在 2015 年時，曾北上參加了「寬恕實務與研究」的國際學術研討會，主講人是埃弗雷特・沃辛頓博士。他

分享了寬恕有兩種型態：

❶ 決策性寬恕：

一個人決定不採取報復行動，放下許多憤怒與不滿的情緒，決定原諒傷害自己的人，此型態可以調解與修復關係。

比如：當孩子在玩棒球時，出現了失誤，棒球不小心砸到你的後腦勺，你感到憤怒，於是大發雷霆斥責了孩子。事後，當孩子向你道歉，你為了保住自己的面子或修復親子關係，於是接受了孩子的道歉。

❷ 情緒性寬恕：

以採取正向情緒取代負向情緒，這能夠幫助我們減低壓力反應，避免負面思考反芻，進而危害心理健康。

正向情緒可能是同理、憐憫、甚至是對關懷者的愛……等等；負向情緒可能是憤怒、難過、受挫……等等。

比如：當孩子在玩棒球時，出現了失誤，棒球不小心砸到你的後腦勺，你感到憤怒，於是大發雷霆斥責了孩子。事後，當孩子向你道歉時，你念在孩子並非故意，而棒球也不長眼睛，同理孩子的情緒取代了自己憤怒的情緒，使你寬恕了孩子。

決策性寬恕是偏向理性的回應，我想大家都十分熟悉，也經

常使用；情緒性寬恕是偏向感性的回應，對大部分的人來說較為
陌生，也較少使用。

　　很多時候，身為父母的我們更需要「情緒性寬恕」。

　　由於孩子的理智腦尚未發展完全，父母得透過情緒與孩子產
生連結，當我們能帶領孩子感受到更多的正向情緒，孩子就會有
更大的空間擴展正向情緒。

　　父母在陪伴孩子的過程中，不只會引發父母當下的負面情
緒，也可能呼喚出父母在童年時的負面經驗，若父母能夠採取
「情緒性寬恕」，讓這些負面情緒獲得昇華與轉化時，也有助於
父母親的心理健康。

　　當時埃弗雷特‧沃辛頓博士特別強調，不一定要原諒他人，
但若能夠選擇自我寬恕，人生會變得比較美好。

　　這讓我聯想到了自己在陪伴孩子的過程中，我把全部的注意
力都放在孩子身上，寬恕也全給了孩子與家人，卻獨獨忘記留給
自己。

　　如果你也和我一樣，在陪伴孩子的過程中，有許多的挫折揮
之不去，有許多的傷害已然造成，建議你採取「情緒性的自我寬
恕」，同理自己的挫折，允許自己的不足，接納自己的限制，懷
著慈悲心寬待自己的失誤，並給自己更多的愛與關懷。

自我同理是另一種美好的選擇

假若，你願意試著理解孩子，那你願意理解自己嗎？假若，你很會同理孩子，那你會好好同理自己嗎？

每當女兒打翻碗時，我能同理她的精細動作尚未發展完全，更何況有時大人也會不小心打翻碗，於是我都會說：「沒關係，你去拿抹布，我來擦地板。」一起來收拾。

每當女兒尿溼褲子時，我也會同理她控制小便的不易，承認自己小時候也有許多尿床的經驗，於是我會跟她說：「沒關係，你先去拿新的褲子，我先來把地板擦乾淨。」

「沒關係」是我常對孩子說的話，後來孩子也常對我說「沒關係」。

某天，我正忙著處理工作，她緊張地跑過來說：「媽媽，你房間的門忘記關起來，冷氣都跑出去很久了。」

當下，我心想真是糟糕，浪費了不少電，不過女兒卻安撫我說：「媽媽，沒關係，再把門關起來就好。」

身為父母的我們，當孩子失誤時，願意給出支持與鼓勵，那當自己失誤時，是否也願意給自己一些支持與鼓勵呢？好好地告訴自己：「沒關係！」

　　克莉絲汀・娜芙博士是美國麻州阿靈頓市執業的心理治療師，專長的領域是正念與關愛疼惜。她在《自我疼惜的 51 個練習》*提出自我同理的三個核心元素：善待自己、共同經驗、正念。

❶ 善待自己：慈悲地對待自己，不過度苛責或批判自己。

　　當我們犯錯或失敗時，我們很容易為難自己，而非拍拍自己的肩膀。不過，我們可以選擇逆向操作，對別人好時，也對自己好，試著鼓勵、支持、保護自己，而非批評、批判、指責自己。

❷ 共同經驗：人類有許多共同的經驗，如人人都會犯錯。

　　體認到每個人都有瑕疵、都有進步的空間、都會失敗犯錯和遭遇困難，當我們想起痛苦是人類的共同經驗時，痛苦就會化身成為與他人連結的能量，此時的痛苦會變得比較容易承受。

　　沒有人天生就是足夠好的父母親，每個人都是在當父母的過程中，從失誤的經驗中學習成長的，當自己發現犯錯時，上網搜尋關鍵字，也會發現很多的父母，一開始也會犯同樣的錯誤。

❸ 正念：專注當下，體驗此時此刻正在發生的事情，包含那些不舒服的情緒。

---

* 　《自我疼惜的 51 個練習：運用正念，找回對生命的熱情、接受不完美和無條件愛人》，克莉絲汀・娜芙、克里斯多弗・葛摩著，張老師文化，2021。

我們通常傾向逃避痛苦的情緒與想法，但這也會屏蔽我們的正向情緒，而正念是一種反向操作，幫助我們經驗痛苦、承認痛苦的存在，我們才能施予關愛和寬容。

處理情緒的大腦區域是同時管理正面與負面情緒的，當我們以「麻木」的方式來逃避痛苦，那久而久之，我們也很難感知到快樂的存在。換句話說，若我們希望感受到正向情緒，我們就得好好體驗負向的情緒。

我們之前聊到了採取同理心陪伴孩子的重要性，但在這裡我想強調的是，最容易被人忽略的「自我同理」。

這並非要我們自我可憐，或是表現懦弱、自私或自我中心，也不是找藉口讓自己從責任中溜走。自我同理，是要我們放下批判，不把自己視為問題，採取慈悲的心態看待自己的失誤。

周志建老師是一位擅長說故事、聆聽故事的敘事取向治療師，他在《跟家庭的傷說再見》*的自序裡提到：「真正的慈悲，就是接納自己生命的陰影，擁抱自己的不完美。」

---

* 　《跟家庭的傷說再見：與生命和解的故事療癒》，周志建著，方智，2016。

224

當我們願意擁抱自己的限制，不把力量放在苛責自己的不足時，我們才有力氣去找出那條自己的路線；當我們願意接納自己的失誤，不把力量放在評價自己的失敗時，我們才有力氣去做自己喜歡做的事情。

找到自己喜歡的台階，慢慢走下去

我正在寫這本書時，經常扮演起監督者的角色，監視自己是否有完全按照書裡寫的內容去實踐，當我發現自己失誤時，我會感到羞愧與挫折，心裡經常過意不去，也對孩子充滿虧欠。

在陪伴孩子的過程中，我也曾多次口出惡言或語帶威脅，雖然當下是不自知的，但事後我常自責自己控制能力不足。後來，有機緣參加暨南國際大學蕭富聰教授的「自殺協談及輔導處遇」課程，他透過生理基礎來看待自殺行為，給出了新的視野，也讓我重新看待自己在親子陪伴上遭遇的困難。

蕭老師提出「中樞神經敏感化」的概念，當我們持續受到傷害時，神經會越來越敏感，到最後連小小的刺激，也會帶來巨大的感受。

以生活實例來說，當我們在工作上遭遇各種困難及挫折後，回到家中的我們早已身心俱疲，伴侶可能只是簡單的問：「你怎

麼沒去繳帳單？」或是孩子只是調皮地戳你一下，就會直接引爆心中的炸彈。

這讓我回想到大約在蓉蓉兩歲到三歲時，正值我工作最繁重的一年，我彷彿化身為活火山，女兒的一舉一動，隨時都有可能引發火山爆發。

後來，我離職了，沒了工作壓力之後，那些原本相同程度的刺激，甚至是更大的刺激，我都能以安穩的姿態，接住孩子的情緒。

原來，不是我控制力差，而是一種本能性的生理機制導致，我喜歡這個台階，可以讓我安心地離開「暴怒」的舞台。

我想表達的是，從生理機制來看待我們的行為，只是其中一個觀點，而這個世界上有著各式各樣的觀點，也就是說有各式各樣的台階等著我們去探尋，當我們被架上問題的舞台時，可以試著打開眼界，去尋找一個自己喜歡的台階下，慢慢走下去。

敘事治療的「遇」兒筆記

用慈悲心去接待生命的各種面貌

敘事治療吸引我的地方是，它是用一種美好的眼光看待人，我很喜歡這樣的角度，這使我得以遠離問題的人生，邁向渴望的

生活，於是我踏入了敘事治療的學習與實踐。

　　我在初期學習的過程中，始終有道跨不過去的坎，那就是我特別敏感於他人採取「問題」的角度看待事情時，或者採取負面的態度看待人時，我心裡會認定：「那是錯的，不應該把人看得那麼不堪，人是多麼的美好啊！」我甚至帶著鄙視的心情，看待那些「惡」人。

　　當時，敘事治療並沒有讓我的親密關係變得更好，反而變得更加緊張與充滿問題。因為我把敘事治療的標準當成唯一的標準，只要不符合標準的人，我就將之視為問題人物，並且要求他人改變觀點。

　　後來，我意識到自己忽略了一件更為重要的事情，那就是敘事治療原本的精神，是允許個人的獨特與差異性存在的，但我卻期待他人變得跟我一樣，只能用敘事治療的標準看待生活。

　　原來接納生命有不同的可能性，以及敬重每個人的生命面貌，也包含了那些與自己完全相反或對立的觀點，以及不喜歡或厭惡的觀點。

　　在陪伴孩子成長的過程中，隨著時間逝去，孩子會變，我們也會變，但我希望不變的是我都能帶著慈悲心，接納彼此生命擁有不同的眼光，而我繼續保持著欣賞的眼光，看見生命的美好。

　　共勉之，謝謝！

Orange Baby 20

讓孩子成為自己人生的專家
—— 15個「遇」兒心姿態，展開親密的親子之旅

作者：胡瑋婷

出版發行

橙實文化有限公司　CHENG SHI Publishing Co., Ltd

作　　者	胡瑋婷	
總 編 輯	于筱芬	CAROL YU, Editor-in-Chief
副總編輯	謝穎昇	EASON HSIEH, Deputy Editor-in-Chief
業務經理	陳順龍	SHUNLONG CHEN, Sales Manager
媒體行銷	張佳懿	KAYLIN CHANG, Social Media Marketing
美術設計	楊雅屏	Yang Yaping
製版／印刷／裝訂	皇甫彩藝印刷股份有限公司	

編輯中心

ADD／桃園市大園區領航北路四段382-5號2樓
2F., No.382-5, Sec. 4, Linghang N. Rd., Dayuan Dist.,
Taoyuan City 337, Taiwan (R.O.C.)
TEL／（886）3-381-1618 FAX／（886）3-381-1620
MAIL: orangestylish@gmail.com
粉絲團https://www.facebook.com/OrangeStylish/

經銷商

聯合發行股份有限公司
ADD／新北市新店區寶橋路235巷弄6弄6號2樓
TEL／（886）2-2917-8022　FAX／（886）2-2915-8614

初版日期 2022年 12月